DIE ZAUBERHAFTE WELT *der*

FEEN UND ELFEN

Die englische Originalausgabe erschien 2002 bei
Barefoot Books Ltd., Großbritannien,
unter dem Titel *A Child's Book of Faeries*
text copyright © 2002 by Tanya Robyn Batt
illustrations copyright © 2002 by Gail Newey

The moral right of Tanya Robyn Batt and Gail Newey
to be identified as the author and illustrator of this Work has been asserted

Aus dem Englischen von Susanne Reichert

1. Auflage 2004
ISBN 3-89102-471-1
© für die deutsche Ausgabe 2004:
Eulen Verlag GmbH, München
www.eulenverlag.de
Printed in Singapore

DIE ZAUBERHAFTE WELT
der
FEEN UND ELFEN

TANYA ROBYN BATT

Illustrationen von
GAIL NEWEY

Eulen Verlag

Inhalt

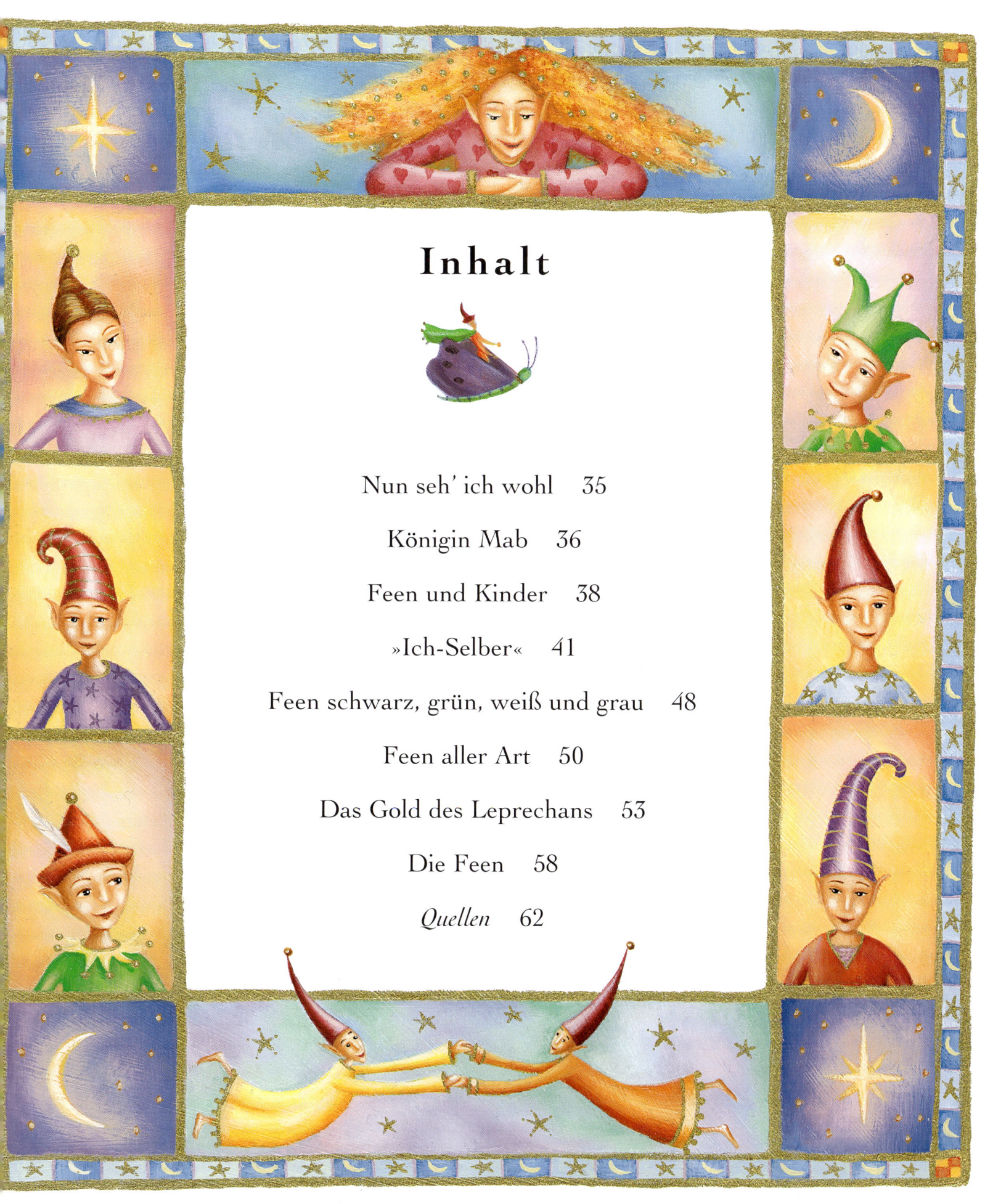

Inhalt

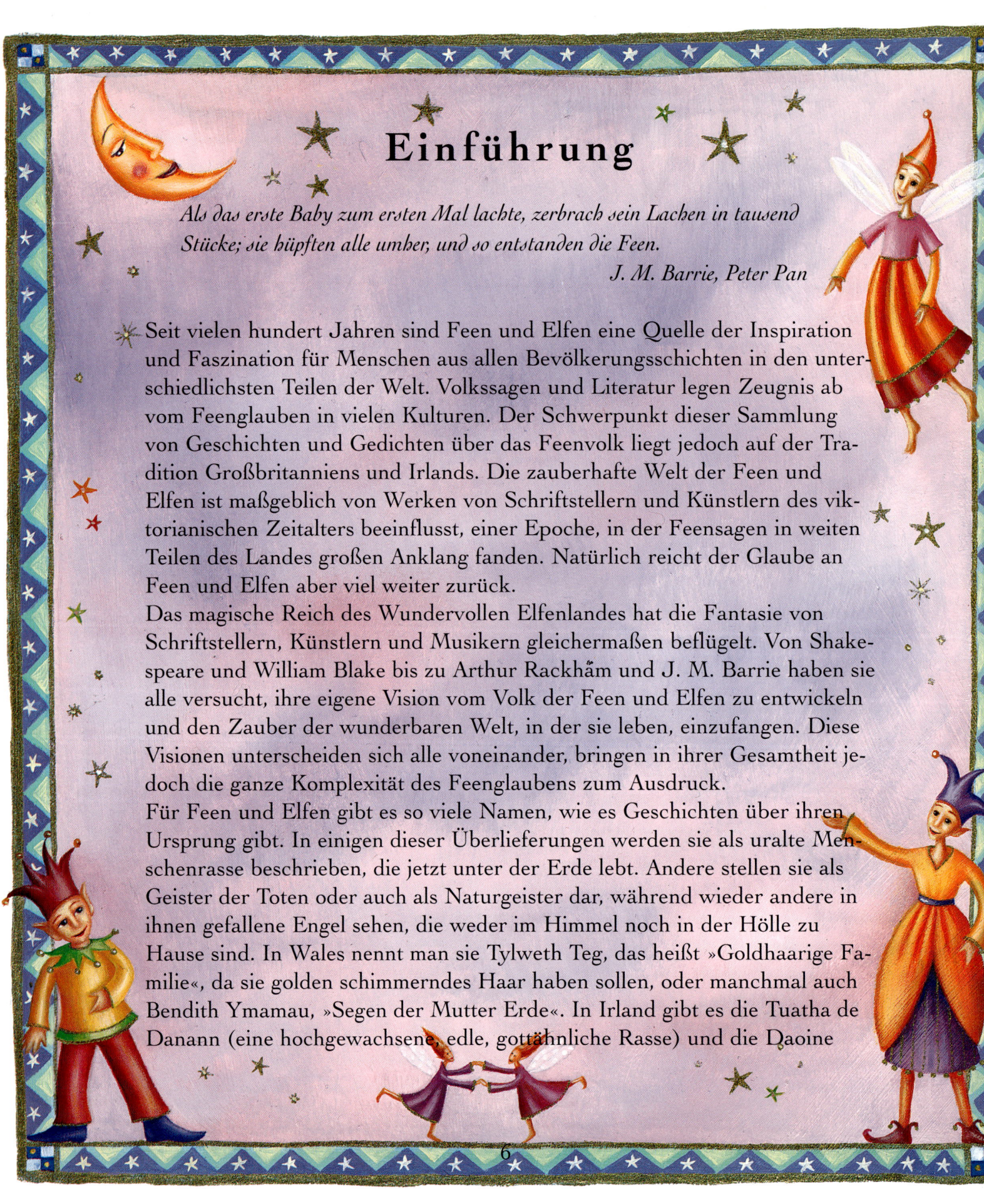

Einführung

Als das erste Baby zum ersten Mal lachte, zerbrach sein Lachen in tausend Stücke; sie hüpften alle umher, und so entstanden die Feen.

J. M. Barrie, Peter Pan

Seit vielen hundert Jahren sind Feen und Elfen eine Quelle der Inspiration und Faszination für Menschen aus allen Bevölkerungsschichten in den unterschiedlichsten Teilen der Welt. Volkssagen und Literatur legen Zeugnis ab vom Feenglauben in vielen Kulturen. Der Schwerpunkt dieser Sammlung von Geschichten und Gedichten über das Feenvolk liegt jedoch auf der Tradition Großbritanniens und Irlands. Die zauberhafte Welt der Feen und Elfen ist maßgeblich von Werken von Schriftstellern und Künstlern des viktorianischen Zeitalters beeinflusst, einer Epoche, in der Feensagen in weiten Teilen des Landes großen Anklang fanden. Natürlich reicht der Glaube an Feen und Elfen aber viel weiter zurück.

Das magische Reich des Wundervollen Elfenlandes hat die Fantasie von Schriftstellern, Künstlern und Musikern gleichermaßen beflügelt. Von Shakespeare und William Blake bis zu Arthur Rackhǎm und J. M. Barrie haben sie alle versucht, ihre eigene Vision vom Volk der Feen und Elfen zu entwickeln und den Zauber der wunderbaren Welt, in der sie leben, einzufangen. Diese Visionen unterscheiden sich alle voneinander, bringen in ihrer Gesamtheit jedoch die ganze Komplexität des Feenglaubens zum Ausdruck.

Für Feen und Elfen gibt es so viele Namen, wie es Geschichten über ihren Ursprung gibt. In einigen dieser Überlieferungen werden sie als uralte Menschenrasse beschrieben, die jetzt unter der Erde lebt. Andere stellen sie als Geister der Toten oder auch als Naturgeister dar, während wieder andere in ihnen gefallene Engel sehen, die weder im Himmel noch in der Hölle zu Hause sind. In Wales nennt man sie Tylweth Teg, das heißt »Goldhaarige Familie«, da sie golden schimmerndes Haar haben sollen, oder manchmal auch Bendith Ymamau, »Segen der Mutter Erde«. In Irland gibt es die Tuatha de Danann (eine hochgewachsene, edle, gottähnliche Rasse) und die Daoine

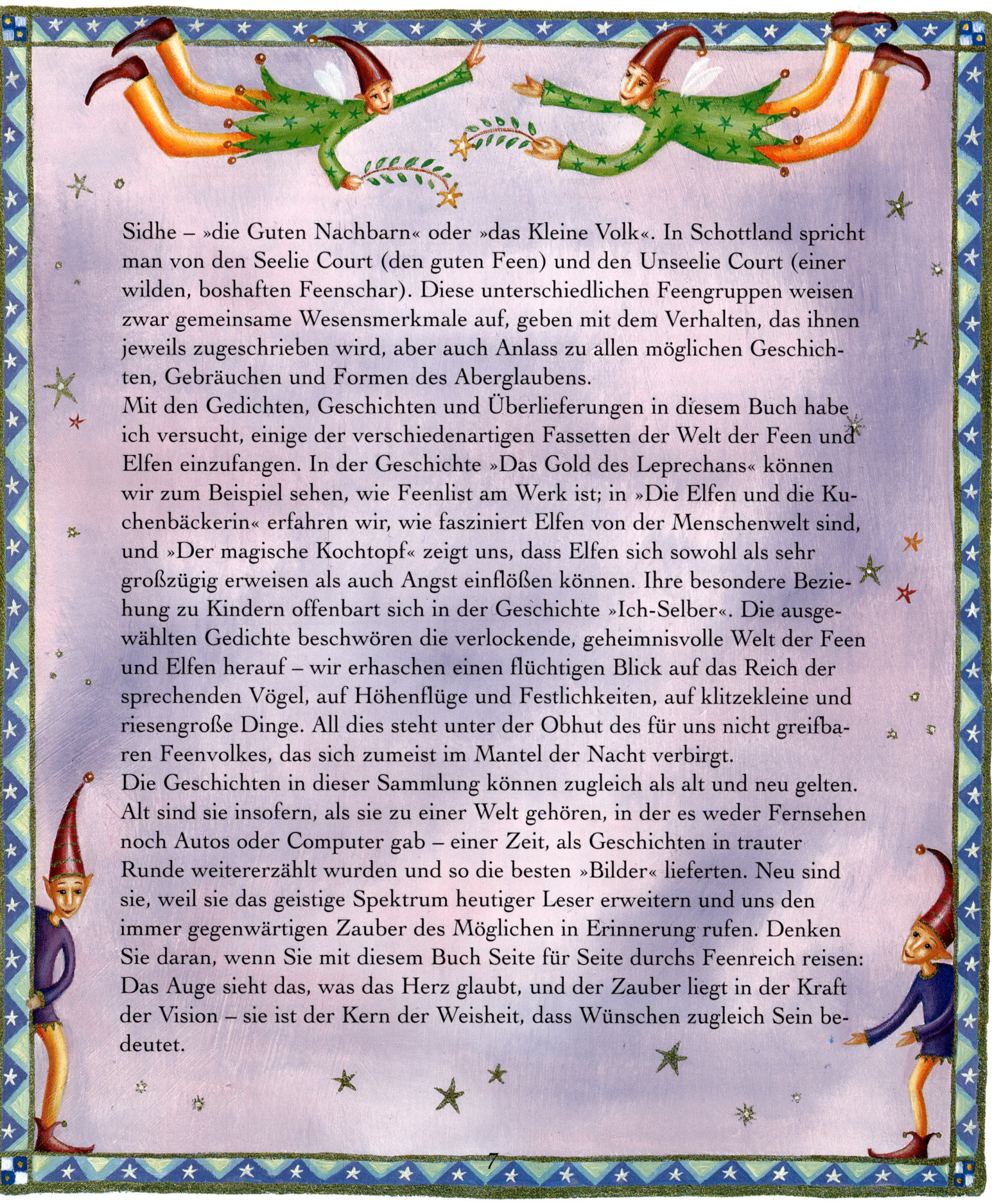

Sidhe – »die Guten Nachbarn« oder »das Kleine Volk«. In Schottland spricht man von den Seelie Court (den guten Feen) und den Unseelie Court (einer wilden, boshaften Feenschar). Diese unterschiedlichen Feengruppen weisen zwar gemeinsame Wesensmerkmale auf, geben mit dem Verhalten, das ihnen jeweils zugeschrieben wird, aber auch Anlass zu allen möglichen Geschichten, Gebräuchen und Formen des Aberglaubens.

Mit den Gedichten, Geschichten und Überlieferungen in diesem Buch habe ich versucht, einige der verschiedenartigen Fassetten der Welt der Feen und Elfen einzufangen. In der Geschichte »Das Gold des Leprechans« können wir zum Beispiel sehen, wie Feenlist am Werk ist; in »Die Elfen und die Kuchenbäckerin« erfahren wir, wie fasziniert Elfen von der Menschenwelt sind, und »Der magische Kochtopf« zeigt uns, dass Elfen sich sowohl als sehr großzügig erweisen als auch Angst einflößen können. Ihre besondere Beziehung zu Kindern offenbart sich in der Geschichte »Ich-Selber«. Die ausgewählten Gedichte beschwören die verlockende, geheimnisvolle Welt der Feen und Elfen herauf – wir erhaschen einen flüchtigen Blick auf das Reich der sprechenden Vögel, auf Höhenflüge und Festlichkeiten, auf klitzekleine und riesengroße Dinge. All dies steht unter der Obhut des für uns nicht greifbaren Feenvolkes, das sich zumeist im Mantel der Nacht verbirgt.

Die Geschichten in dieser Sammlung können zugleich als alt und neu gelten. Alt sind sie insofern, als sie zu einer Welt gehören, in der es weder Fernsehen noch Autos oder Computer gab – einer Zeit, als Geschichten in trauter Runde weitererzählt wurden und so die besten »Bilder« lieferten. Neu sind sie, weil sie das geistige Spektrum heutiger Leser erweitern und uns den immer gegenwärtigen Zauber des Möglichen in Erinnerung rufen. Denken Sie daran, wenn Sie mit diesem Buch Seite für Seite durchs Feenreich reisen: Das Auge sieht das, was das Herz glaubt, und der Zauber liegt in der Kraft der Vision – sie ist der Kern der Weisheit, dass Wünschen zugleich Sein bedeutet.

Das Feenvolk

Kommt, schmiegt euch eng in Papas Mantel
Neben dem Feuer so hell,
Und lasst euch vom Feenvolk erzählen,
Das nachts umherstreift.
Denn wenn die Sterne helle funkeln,
Die ganze Welt zur Ruhe kommt,
Dann fliegen sie über den Silbermond
Von einem Hügel zum anderen.

Rot sind die Kappen, ihre Mäntel grün,
Behängt sind sie mit Silberglocken,
Und wenn der Wind sich darin fängt,
Erklingt ein fröhliches Geläut.
Sie reiten auf purpurroten Faltern
Mit schwarz gefleckten Flügeln dahin
Und lenken sie mit goldnem Zaumzeug
Am purpurroten Himmel entlang.

Gern sehn sie Buben und Mädchen zu,
Wenn diese nachts süß schlummern,
Dann stehn sie still an ihren Bettchen
Und blicken ihnen ins Gesicht.
Denn im gesamten Feenland
Gibt es nichts Schöneres anzuschaun
Als kleine Kinder tief im Schlaf
Mit rosigem Gesicht.

Auf Zehenspitzen schleichen sie
Dann um ihr Bett herum,
Wenn hell das Mondlicht scheint,
Und raunen ihnen kleine liebe Worte zu,
Die ihnen süße Träume bescheren.
Und wenn sie ein sonniges Lächeln sehn,
Dann legen sie mit federleichten Fingerspitzen
Hundert süße Küsse auf die roten Lippen.

Die kleinen Falter breiten
Sodann die Flügel aus
Und tragen die Feenschar hinweg,
Wobei das Zaumzeug klirrt.
Kommt, Kinder, kriecht unter Papas Mantel,
Neben dem Feuer so hell –
Vielleicht bekommt ihr ja heut Nacht
Besuch vom Feenvolk.

Robert M. Bird

Elfenschabernack

Elfen und Menschen waren einander noch nie ganz geheuer. Elfen haben ausgesprochen viel Vergnügen daran, harmlosen Menschen einen Streich zu spielen. Einer der berühmtesten Possenreißer, die wir aus der Elfenwelt kennen, ist Robin Goodfellow oder auch Puck, wie ihn William Shakespeare später in seinem Werk Ein Mittsommernachtstraum genannt hat. Robin Goodfellow stand in dem Ruf, halb Elf (sein Vater war Oberon, der Elfenkönig) und halb Mensch zu sein. Er liebte es ganz besonders, mit den Menschen Schabernack zu treiben und ihnen eins auszuwischen.

Ein bei Elfen immer wieder sehr beliebter Trick ist es, Menschen unterwegs in die Irre zu führen. Das kann einem arglosen Wanderer selbst dann widerfahren, wenn er sich auf einem Weg befindet, den er so gut kennt wie seine Hosentasche.

Elfen und Feen können eine andere Gestalt annehmen und sich so verwandeln, dass sie wie andere Leute oder Tiere aussehen und klingen. Der Hedley Kow zum Beispiel war ein Kobold, der sich gern in ein Bündel Stroh verwandelte. Wenn dann irgendein Ahnungsloser das vermeintliche Bündel Stroh aufhob, merkte er, dass es mit der Zeit immer

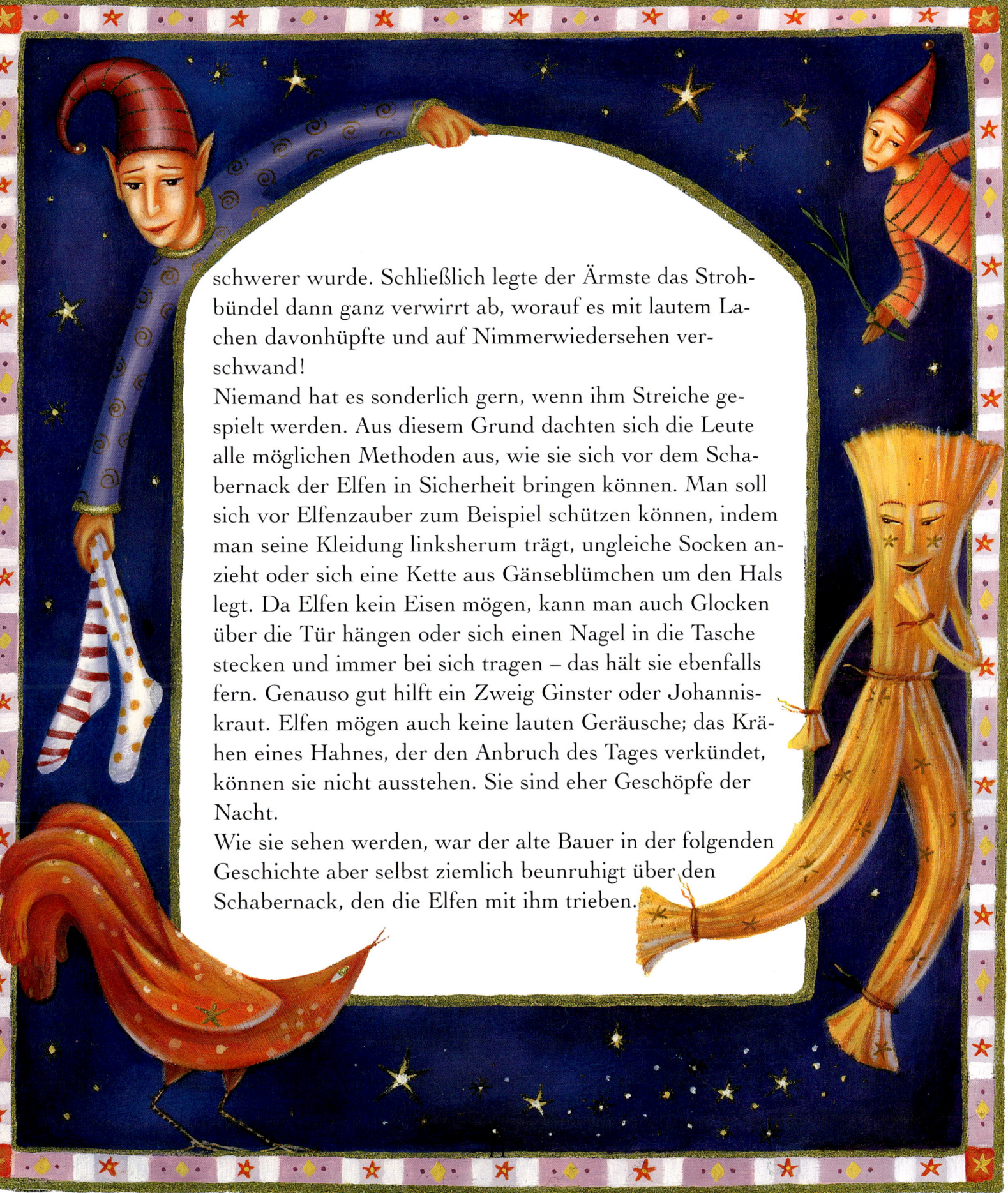

schwerer wurde. Schließlich legte der Ärmste das Strohbündel dann ganz verwirrt ab, worauf es mit lautem Lachen davonhüpfte und auf Nimmerwiedersehen verschwand!

Niemand hat es sonderlich gern, wenn ihm Streiche gespielt werden. Aus diesem Grund dachten sich die Leute alle möglichen Methoden aus, wie sie sich vor dem Schabernack der Elfen in Sicherheit bringen können. Man soll sich vor Elfenzauber zum Beispiel schützen können, indem man seine Kleidung linksherum trägt, ungleiche Socken anzieht oder sich eine Kette aus Gänseblümchen um den Hals legt. Da Elfen kein Eisen mögen, kann man auch Glocken über die Tür hängen oder sich einen Nagel in die Tasche stecken und immer bei sich tragen – das hält sie ebenfalls fern. Genauso gut hilft ein Zweig Ginster oder Johanniskraut. Elfen mögen auch keine lauten Geräusche; das Krähen eines Hahnes, der den Anbruch des Tages verkündet, können sie nicht ausstehen. Sie sind eher Geschöpfe der Nacht.

Wie sie sehen werden, war der alte Bauer in der folgenden Geschichte aber selbst ziemlich beunruhigt über den Schabernack, den die Elfen mit ihm trieben.

Der magische Kochtopf

Es war einmal ein altes Ehepaar, das lebte auf einem Bauernhof. Dieser Hof lag zwischen zwei Hügeln und die weitläufigen Felder waren von einem Wald gesäumt. Es war ein hübscher kleiner Bauernhof mit einer strohgedeckten Hütte und einem riesigen Gemüsegarten. Hinter der Hütte gab es einen Obstgarten, in dem Hühner umherliefen, und auf dem Feld neben der Hütte graste die Hauskuh. Alles war also zum Besten bestellt auf diesem Bauernhof, doch das Wundersamste dort war ein Kochtopf. Keineswegs ein gewöhnlicher Kochtopf – es war ein magischer Kochtopf.

Dieser Kochtopf gehörte der alten Frau. Davor hatte er schon ihrer Mutter, noch früher ihrer Großmutter und in grauer Vorzeit ihrer Urgroßmutter gehört. Es hieß, ihre Urgroßmutter sei eine Elfe gewesen und die Elfen hätten ihr, als sie sich mit einem Sterblichen vermählte, diesen Topf zur Hochzeit geschenkt.

Das Bemerkenswerte an diesem Topf war, dass er sich immer wieder mit Essen füllte, ganz gleich, wie viel man davon aß – Suppe, Eintopf oder Brei, alles, was man sich wünschte –, bis man ihm Einhalt gebot. Da stand er also auf dem Herd, der ganze Stolz der alten Frau, allzeit bereit für die nächste Mahlzeit.

Das Seltsamste an der Sache war jedoch, dass jeden Abend nach dem Essen ein winziger Elf vom Wald den Hügel heruntergehüpft kam. Ohne auch nur »Bitte«, »Danke« oder »Darf ich?« zu sagen, packte der Elf den Topf und verschwand

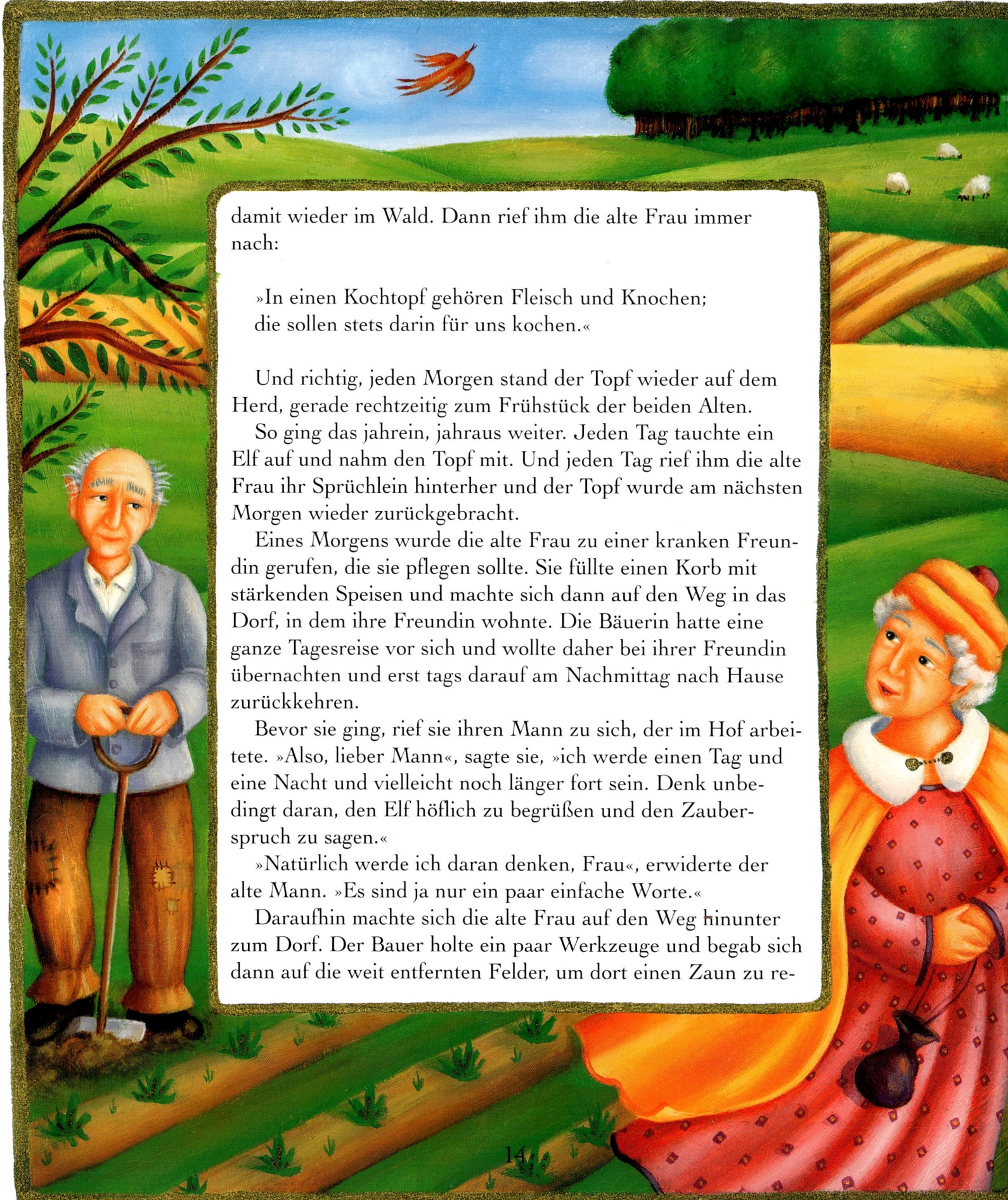

damit wieder im Wald. Dann rief ihm die alte Frau immer nach:

»In einen Kochtopf gehören Fleisch und Knochen;
die sollen stets darin für uns kochen.«

Und richtig, jeden Morgen stand der Topf wieder auf dem Herd, gerade rechtzeitig zum Frühstück der beiden Alten.

So ging das jahrein, jahraus weiter. Jeden Tag tauchte ein Elf auf und nahm den Topf mit. Und jeden Tag rief ihm die alte Frau ihr Sprüchlein hinterher und der Topf wurde am nächsten Morgen wieder zurückgebracht.

Eines Morgens wurde die alte Frau zu einer kranken Freundin gerufen, die sie pflegen sollte. Sie füllte einen Korb mit stärkenden Speisen und machte sich dann auf den Weg in das Dorf, in dem ihre Freundin wohnte. Die Bäuerin hatte eine ganze Tagesreise vor sich und wollte daher bei ihrer Freundin übernachten und erst tags darauf am Nachmittag nach Hause zurückkehren.

Bevor sie ging, rief sie ihren Mann zu sich, der im Hof arbeitete. »Also, lieber Mann«, sagte sie, »ich werde einen Tag und eine Nacht und vielleicht noch länger fort sein. Denk unbedingt daran, den Elf höflich zu begrüßen und den Zauberspruch zu sagen.«

»Natürlich werde ich daran denken, Frau«, erwiderte der alte Mann. »Es sind ja nur ein paar einfache Worte.«

Daraufhin machte sich die alte Frau auf den Weg hinunter zum Dorf. Der Bauer holte ein paar Werkzeuge und begab sich dann auf die weit entfernten Felder, um dort einen Zaun zu re-

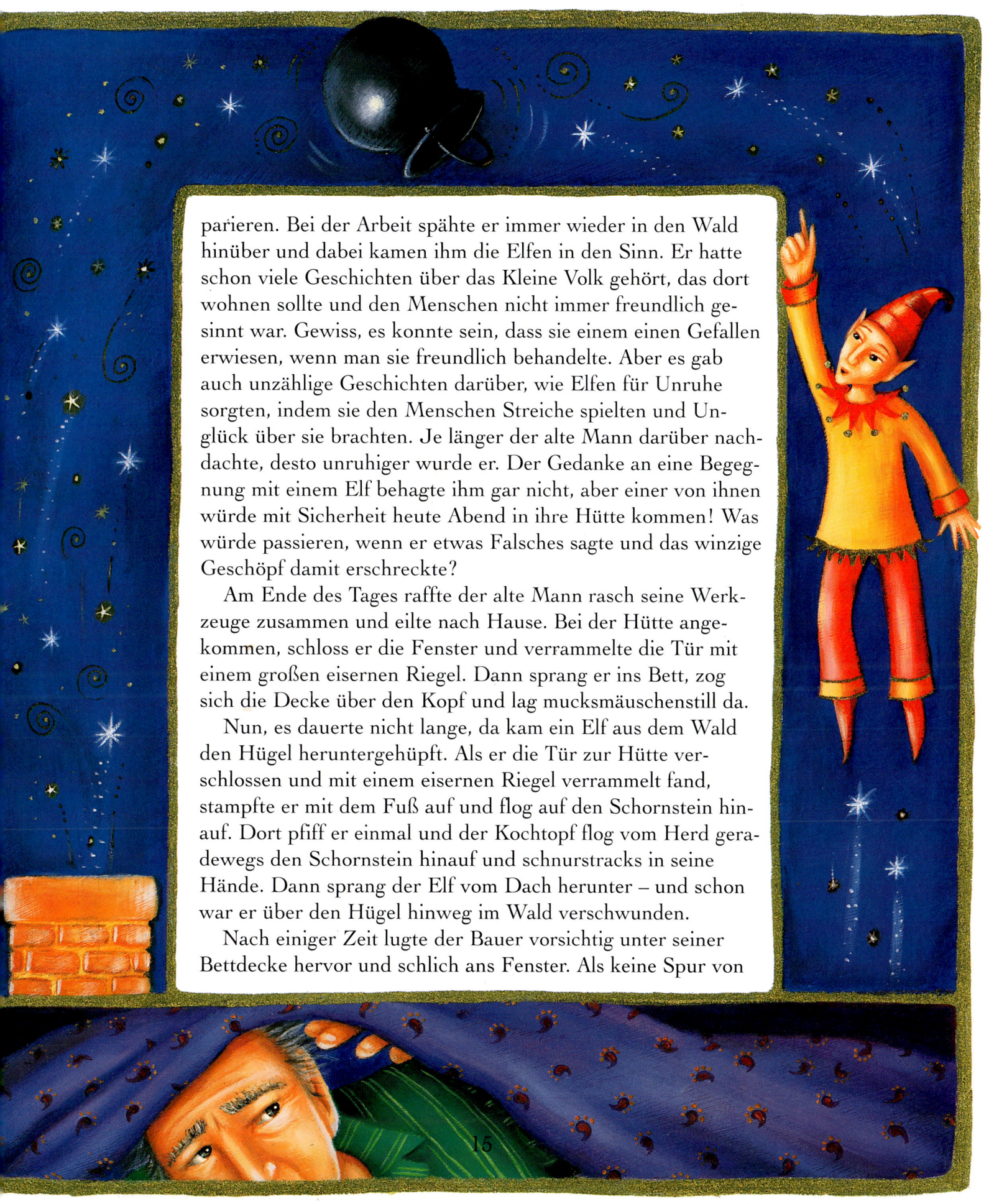

parieren. Bei der Arbeit spähte er immer wieder in den Wald hinüber und dabei kamen ihm die Elfen in den Sinn. Er hatte schon viele Geschichten über das Kleine Volk gehört, das dort wohnen sollte und den Menschen nicht immer freundlich gesinnt war. Gewiss, es konnte sein, dass sie einem einen Gefallen erwiesen, wenn man sie freundlich behandelte. Aber es gab auch unzählige Geschichten darüber, wie Elfen für Unruhe sorgten, indem sie den Menschen Streiche spielten und Unglück über sie brachten. Je länger der alte Mann darüber nachdachte, desto unruhiger wurde er. Der Gedanke an eine Begegnung mit einem Elf behagte ihm gar nicht, aber einer von ihnen würde mit Sicherheit heute Abend in ihre Hütte kommen! Was würde passieren, wenn er etwas Falsches sagte und das winzige Geschöpf damit erschreckte?

Am Ende des Tages raffte der alte Mann rasch seine Werkzeuge zusammen und eilte nach Hause. Bei der Hütte angekommen, schloss er die Fenster und verrammelte die Tür mit einem großen eisernen Riegel. Dann sprang er ins Bett, zog sich die Decke über den Kopf und lag mucksmäuschenstill da.

Nun, es dauerte nicht lange, da kam ein Elf aus dem Wald den Hügel heruntergehüpft. Als er die Tür zur Hütte verschlossen und mit einem eisernen Riegel verrammelt fand, stampfte er mit dem Fuß auf und flog auf den Schornstein hinauf. Dort pfiff er einmal und der Kochtopf flog vom Herd geradewegs den Schornstein hinauf und schnurstracks in seine Hände. Dann sprang der Elf vom Dach herunter – und schon war er über den Hügel hinweg im Wald verschwunden.

Nach einiger Zeit lugte der Bauer vorsichtig unter seiner Bettdecke hervor und schlich ans Fenster. Als keine Spur von

15

einem Elf zu sehen war, fasste er wieder Mut. Da der Elf mitsamt dem Topf verschwunden war, machte er sich daran, so gut er eben konnte, eine Mahlzeit zuzubereiten.

Zu später Stunde am folgenden Nachmittag kam die alte Frau zurück. Das Erste, was ihr auffiel, als sie die Hütte betrat, war, dass der Topf fehlte. Sie blickte zur Sonne hinauf, die sich gerade anschickte, im Westen unterzugehen. Vielleicht hatte der Elf den Topf ja schon geholt, dachte die alte Frau. Oder vielleicht war er einfach spät dran. Sie wartete noch ein Weilchen, und als ihr Mann aus dem Obstgarten kam, fragte sie ihn: »Mann, ist gestern ein Elf gekommen und hat den Topf geholt?«

Der alte Mann nickte.

»Du hast dich doch an die Worte erinnert, die du sagen solltest, nicht wahr?«, fragte die alte Frau.

»Ich hab's vergessen«, murmelte der alte Mann, denn er wollte nicht zugeben, wie groß seine Angst gewesen war.

»Du hast was?«, rief die alte Frau aus.

»Ich hab's vergessen«, wiederholte der alte Mann.

Die alte Frau schüttelte den Kopf. »O weh, nun ist's um uns geschehen«, jammerte sie. »Wir werden den Kochtopf nie mehr wiedersehen.«

»Ich bin ganz sicher, dass sie ihn zurückbringen werden«, sagte er.

»Das werden sie nicht«, fauchte sie zurück.

»Doch«, behauptete der Alte.

Doch, nein, doch, nein. So stritten sie herum, bis sie sich heiser geschrien hatten. Dann gingen alle beide ohne Abendessen zu Bett.

16

Aber die alte Frau behielt Recht, denn am nächsten Morgen war immer noch keine Spur von dem Topf zu sehen. Sie wartete bis zum Nachmittag, dann machte sie sich auf den Weg, um ihren Topf zu suchen – immerhin war es ihr bester und einziger Kochtopf, und obendrein auch noch ein magischer! Sie warf sich ihren Mantel über und ging den Hügel hinauf auf den Wald zu. Als sie am Rand der Felder angekommen war, kletterte sie über den Zaun. Ein schmaler Fußweg schlängelte sich zwischen den grünen Bäumen hinauf. Die alte Frau folgte ihm eine ganze Weile. Die Bäume standen immer dichter und der Pfad wurde schmaler und schmaler. Genau in dem Moment, als die Sonne untergehen wollte, gelangte sie schließlich auf eine Lichtung. Am andere Ende dieser Lichtung ragte ein steinernes Gesicht mit einer tunnelartigen Öffnung auf, die in eine dunkle Höhle führte.

Die alte Frau fluchte, weil sie vergessen hatte, eine Kerze mitzunehmen, die ihren Weg erhellt hätte. Dann holte sie tief Luft und trat in die Düsternis der Höhle ein. Nach einigen Minuten gewöhnten sich ihre Augen an die Dunkelheit und sie konnte das Glimmen eines Feuers sehen, das bereits heruntergebrannt war. Dort auf der Glut stand ihr Topf. Als sie darauf zuging, um ihn an sich zu nehmen, bemerkte sie, dass rings um das Feuer Elfen schliefen. Sie hatten braune, gesunde Gesichter und trugen leuchtend rote Mützen. Neben ihnen lagen die Feenhunde. Wenn sie wach waren, hatten diese Hunde Augen wie Untertassen, lange spitze Zähne und konnten rennen wie der Wind.

Die alte Frau wollte die kleinen Männchen nicht aufwecken – und die Feenhunde schon gar nicht. Deshalb griff sie mit

ihrer Hand langsam über die schlafenden Körper hinweg und nahm den Topf sachte an sich. Als sie dann vorsichtig zum Eingang der Höhle zurückschlich, geriet sie im Dunkeln aber plötzlich ins Stolpern und der Topf schlug laut gegen die Höhlenwand.

Vom Lärm geweckt, sprangen die Elfen auf. »Ihr nach, ihr nach!«, kreischten sie. »Sie stiehlt unseren Topf!«

So schnell sie nur konnte, hastete die alte Frau aus der Höhle hinaus und den Pfad hinunter. Die Elfen hatten kurze Beine, sodass sie ihnen mühelos entwischen konnte. Aber schon bald spürte sie den heißen, dampfenden Atem der Feenhunde, die ihr auf den Fersen waren. Sie griff in den Topf, nahm eine große Hand voll Fleisch heraus und warf es über die Schulter. Die Hunde blieben stehen und schlangen die Brocken gierig hinunter.

Die alte Frau rannte weiter den Pfad hinunter. Wieder vernahm sie das Hecheln der Hunde dicht hinter sich und hörte das Trampeln ihrer Pfoten auf dem Boden. Diesmal warf sie noch mehr Brocken hinter sich, wagte aber nicht, stehen zu bleiben oder einen Blick zurückzuwerfen. Die Beine der alten Frau begannen zu schmerzen und sie wurde langsam müde. In der Ferne konnte sie die schwach flackernden Lichter ihrer Hütte sehen. Sie nahm all ihre Kraft zusammen und rannte den Hügel hinunter, dicht gefolgt von den Hunden. Jetzt heulten sie, und ihre Pfoten halten wie Donner auf dem taubenetzten Gras wider. Ein letztes Mal blieb die alte Frau stehen, um zu verschnaufen, kippte dann den Topf um, schüttete den restlichen Inhalt auf den Boden und stolperte, so schnell sie konnte, weiter.

18

Jetzt, wo ihre Kräfte rasch erlahmten, würden die Feenhunde sie mühelos einholen und sie zurück ins Elfenland bringen können, wo die Elfen sie bis in alle Ewigkeit festhalten würden. Aber genau in diesem Augenblick setzte sich die Sonne in Bewegung und schob sich langsam über den Horizont. Das Dunkel der Nacht begann sich zu lichten; der Hahn im Hof spreizte seine Flügel und ließ ein durchdringendes Krähen vernehmen, das meilenweit zu hören war.

Als die Feenhunde den Hahnenschrei vernahmen, erschraken sie, denn all diese Geschöpfe fürchten das Tageslicht. Sofort ließen sie von ihrer Verfolgungsjagd ab und begannen kläglich zu winseln, als die ersten Sonnenstrahlen über den Hügel fielen. Als die alte Frau die warme Sonne spürte, schöpfte sie wieder Mut. Sie wandte sich den Hunden zu und rief:

»Der Topf mit dem Fleisch und den Knochen ist leer,
von heut an bekommt ihr gar nichts mehr.«

Mit diesen Worten im Ohr machten die Hunde mit eingezogenem Schwanz kehrt und huschten eilends in die sichere dunkle Höhle zurück.

Glücklich und erleichtert lief die alte Frau in die Hütte, wo sie von ihrem Mann herzlich begrüßt wurde, der sich sehr freute, sie wiederzusehen. Und sie freute sich nicht minder, ihn zu sehen! Von diesem Tag an kamen die Elfen nicht mehr, um den Topf zu holen, dennoch war der Topf seither immer mit den köstlichsten Speisen gefüllt.

Und siehst du nicht den schönen Weg
Sich winden dort am Feenberg?
Er führt hinein ins Elfenland,
Heut Nacht, da gehen wir wohl hin.

Francis James Child,
The Englisch and Scottish Popular Ballads

20

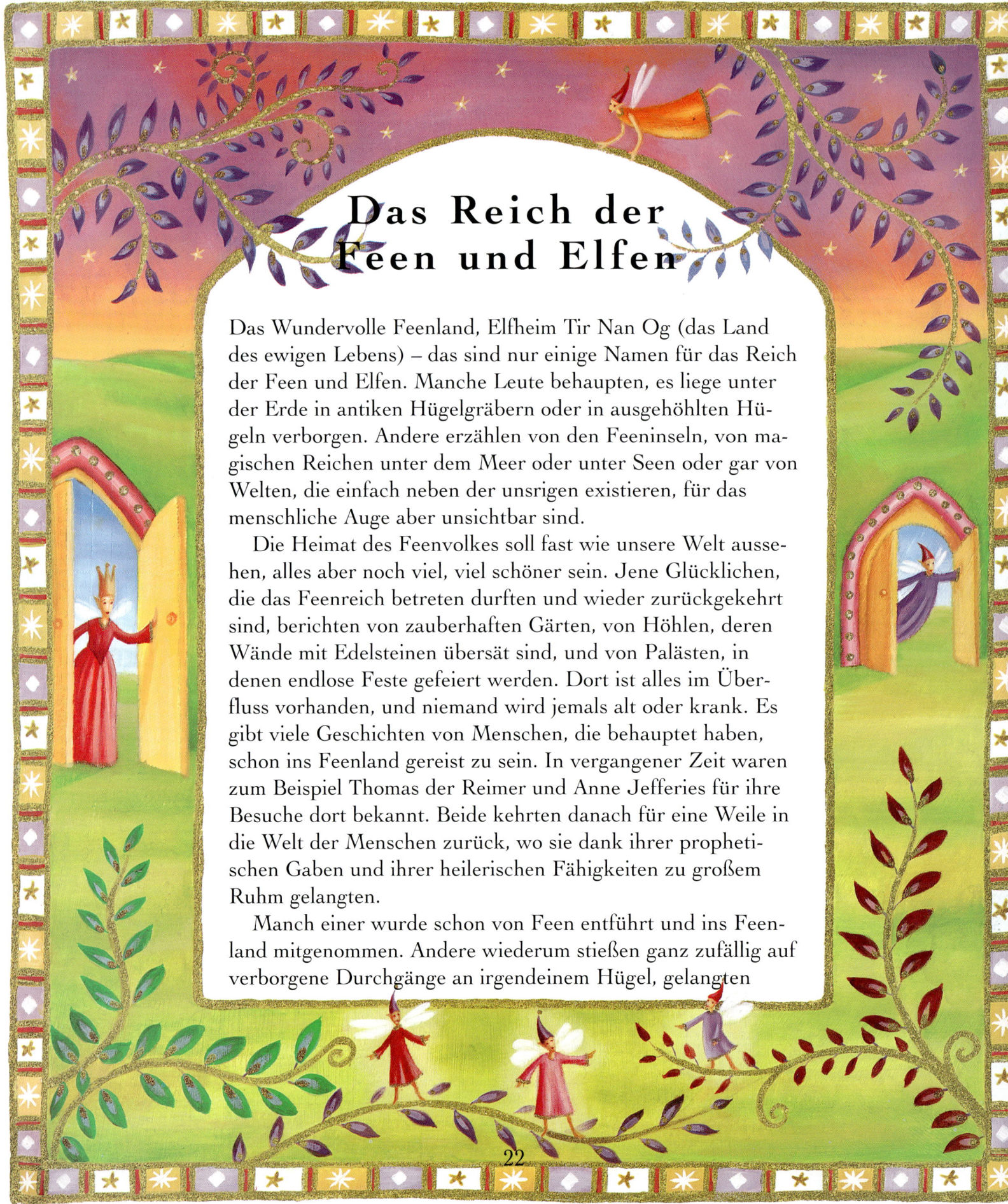

Das Reich der
Feen und Elfen

Das Wundervolle Feenland, Elfheim Tir Nan Og (das Land
des ewigen Lebens) – das sind nur einige Namen für das Reich
der Feen und Elfen. Manche Leute behaupten, es liege unter
der Erde in antiken Hügelgräbern oder in ausgehöhlten Hügeln verborgen. Andere erzählen von den Feeninseln, von magischen Reichen unter dem Meer oder unter Seen oder gar von
Welten, die einfach neben der unsrigen existieren, für das
menschliche Auge aber unsichtbar sind.

Die Heimat des Feenvolkes soll fast wie unsere Welt aussehen, alles aber noch viel, viel schöner sein. Jene Glücklichen,
die das Feenreich betreten durften und wieder zurückgekehrt
sind, berichten von zauberhaften Gärten, von Höhlen, deren
Wände mit Edelsteinen übersät sind, und von Palästen, in
denen endlose Feste gefeiert werden. Dort ist alles im Überfluss vorhanden, und niemand wird jemals alt oder krank. Es
gibt viele Geschichten von Menschen, die behauptet haben,
schon ins Feenland gereist zu sein. In vergangener Zeit waren
zum Beispiel Thomas der Reimer und Anne Jefferies für ihre
Besuche dort bekannt. Beide kehrten danach für eine Weile in
die Welt der Menschen zurück, wo sie dank ihrer prophetischen Gaben und ihrer heilerischen Fähigkeiten zu großem
Ruhm gelangten.

Manch einer wurde schon von Feen entführt und ins Feenland mitgenommen. Andere wiederum stießen ganz zufällig auf
verborgene Durchgänge an irgendeinem Hügel, gelangten

durch einen Höhleneingang ins Feenreich oder indem sie in einen Hexenring traten, wo sich die Feen gern einfinden.

Es gibt Zeiten im Jahr und bestimmte Jahreszeiten, da ist es einfacher, die Welt der Feen zu betreten – etwa am 1. Mai, also an Beltane, und am Abend des 31. Oktober, an Samhain. Die »magischen Stunden« sind Morgen- und Abenddämmerung, die Mittagsstunde und Mitternacht. Dann ist der »Schleier« zwischen der Welt der Menschen und dem Feenland am dünnsten.

Das Reich der Feen und Elfen ist ein wunderschöner, zauberhafter Ort. Wer dem Feenland einen Besuch abstatten will, muss jedoch sehr vorsichtig sein, denn in den beiden Welten verstreicht die Zeit unterschiedlich schnell. Er mag vielleicht glauben, dort nur zwei Tage verbracht zu haben. Wenn er dann aber in die Welt der Menschen zurückkehrt, stellt er womöglich fest, dass dort inzwischen zweihundert Jahre vergangen sind. Andererseits können zwei Jahre im Feenreich aber so schnell vorüber sein wie ein Wimpernschlag in unserer Welt. Er sollte weder Feenspeisen noch Feengetränke anrühren und nichts mitnehmen, was ihm nicht freiwillig überlassen wurde. Wer diese Regeln übertritt, könnte schnell feststellen, dass er das Feenland entweder nicht mehr verlassen oder das magische Reich der Feen und Elfen nie mehr betreten kann. Wer aber aus dem Feenland zurückkehrt und den Feen dort zu Gefallen war, erhält oft ein Geschenk oder eine Belohnung. So erging es auch der Heldin der folgenden Geschichte.

Die Elfen und die Kuchenbäckerin

Es war einmal eine Frau, die hieß Margaret. Margaret war eine wunderbare Kuchenbäckerin. Sie buk Schokoladenkuchen, Erdbeerkuchen, Geburtstagskuchen und Hochzeitskuchen, die feinsten Kekse und Zitronenschnitten. Von überall her kamen die Leute, um Margarets Kuchen zu kaufen, denn sie waren einfach köstlich!

Aber nicht nur bei den Menschen aus der Umgebung waren Margarets Kuchen sehr beliebt. Auch die Elfen mochten Kuchen, und ganz besonders den von Margaret – wann immer sie etwas abgekommen konnten! Das war gar nicht so einfach, denn wenn die Leute Margarets Kuchen aßen, vergaßen sie meistens, ein paar Krümel für die Elfen übrig zu lassen. Sie schleckten sich die Finger ab und lasen die Krümel von ihren Kitteln ab, ja hoben sie sogar noch vom Boden auf.

Wenn dann die armen Elfen kamen, um sich ihren Anteil zu holen, konnten sie nicht einmal mehr das kleinste Krümelchen Kuchen finden. So ging das eine ganze Weile und schließlich fingen sie an zu murren.

»Das ist ungerecht – wir haben überhaupt nichts mehr von Margarets oder sonst einem Kuchen abbekommen, und das schon seit vielen Wochen!«, schimpften sie und heckten daher einen Plan aus: Sie beschlossen, Margaret zu entführen und sie ins Elfenreich mitzunehmen, wo sie für alle Zeiten Kuchen für sie backen sollte.

Schon am nächsten Tag versteckten sich die Elfen unter einem Busch am Straßenrand und warteten dort mucksmäuschenstill. Denn jeden Morgen ging Margaret die Straße hinunter, um bei der Molkerei Milch zu holen. Als sie an jenem Morgen um die Ecke bog, flogen die Elfen aus ihrem Versteck hervor und streuten ihr Farnwurzel in die Augen. Farnwurzel hat nämlich eine ganz besondere magische Wirkung: Sie macht einen schläfrig. So gähnte Margaret bald laut und setzte sich hin. Dann schlief sie ganz fest ein, und die Elfen brachten sie fort in ihr Reich.

Als Margaret aufwachte, sah sie, dass hundert Augenpaare sie beobachteten. Ihr Herz fing an, schneller zu schlagen. Aber sie wollte den Elfen nicht zeigen, dass sie Angst hatte. »Aha, das ist also das Elfenreich!«, sagte sie. »Da wollte ich schon immer mal hin.«

Die Elfen nickten. »Ja, hier ist das Elfenreich, Margaret, und wir werden dich für immer und ewig hier behalten, damit du Kuchen für uns bäckst.«

Margaret sah sich um. Die Elfen wirkten alle ganz ausgemergelt. »Gibt euch denn gar niemand Kuchen zu essen?«, fragte sie erstaunt.

»Nein, niemand gibt uns Kuchen zu essen«, klagten die Elfen.

»Das ist ja wirklich jammerschade! Jeder hat hin und wieder ein Stück Kuchen verdient. Wisst ihr was, ich backe euch meinen Lieblingskuchen – einen Schokoladenkuchen mit einem ganz dicken Schokoladenguss.«

Da begannen die Elfen vor Freude zu tanzen.

»Wartet!«, rief Margaret. »Wenn ich euch einen Kuchen

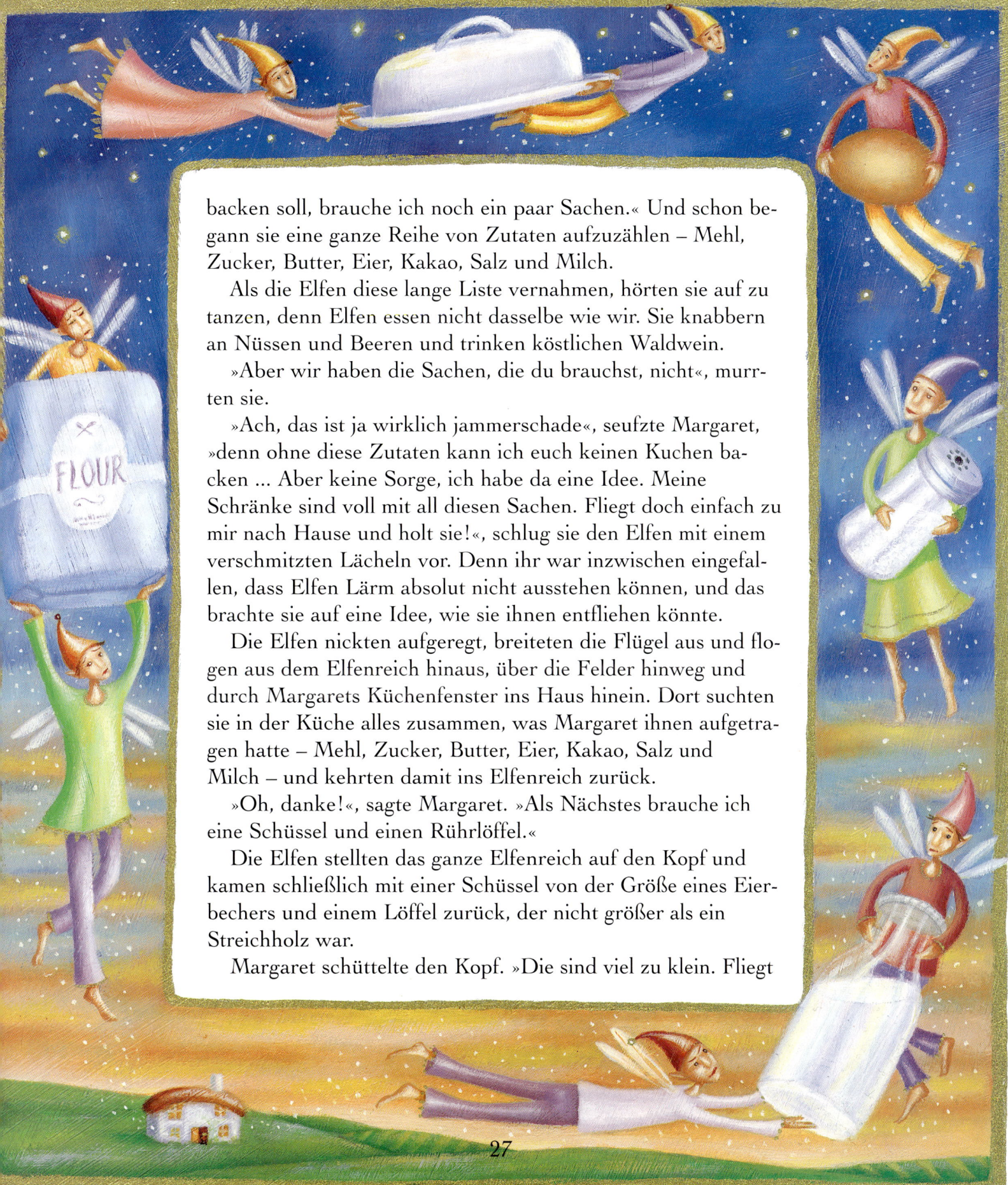

backen soll, brauche ich noch ein paar Sachen.« Und schon begann sie eine ganze Reihe von Zutaten aufzuzählen – Mehl, Zucker, Butter, Eier, Kakao, Salz und Milch.

Als die Elfen diese lange Liste vernahmen, hörten sie auf zu tanzen, denn Elfen essen nicht dasselbe wie wir. Sie knabbern an Nüssen und Beeren und trinken köstlichen Waldwein.

»Aber wir haben die Sachen, die du brauchst, nicht«, murrten sie.

»Ach, das ist ja wirklich jammerschade«, seufzte Margaret, »denn ohne diese Zutaten kann ich euch keinen Kuchen backen ... Aber keine Sorge, ich habe da eine Idee. Meine Schränke sind voll mit all diesen Sachen. Fliegt doch einfach zu mir nach Hause und holt sie!«, schlug sie den Elfen mit einem verschmitzten Lächeln vor. Denn ihr war inzwischen eingefallen, dass Elfen Lärm absolut nicht ausstehen können, und das brachte sie auf eine Idee, wie sie ihnen entfliehen könnte.

Die Elfen nickten aufgeregt, breiteten die Flügel aus und flogen aus dem Elfenreich hinaus, über die Felder hinweg und durch Margarets Küchenfenster ins Haus hinein. Dort suchten sie in der Küche alles zusammen, was Margaret ihnen aufgetragen hatte – Mehl, Zucker, Butter, Eier, Kakao, Salz und Milch – und kehrten damit ins Elfenreich zurück.

»Oh, danke!«, sagte Margaret. »Als Nächstes brauche ich eine Schüssel und einen Rührlöffel.«

Die Elfen stellten das ganze Elfenreich auf den Kopf und kamen schließlich mit einer Schüssel von der Größe eines Eierbechers und einem Löffel zurück, der nicht größer als ein Streichholz war.

Margaret schüttelte den Kopf. »Die sind viel zu klein. Fliegt

27

zurück in mein Haus und bringt mir meine große Schüssel und meinen Holzlöffel.«

Und schon zogen die Elfen erneut los. Sie breiteten die Flügel aus und flogen über die Felder zu Margarets Haus zurück. Zehn Elfen waren nötig, um die Schüssel überhaupt hochheben zu können, und fünf weitere, um den Löffel zu tragen.

Als sie wieder im Elfenreich ankamen, bedankte Margaret sich artig bei ihnen und fing sogleich an, die Zutaten zu vermischen. Zuerst schlug sie Zucker und Butter schaumig, dann fügte sie die Eier hinzu und rührte alles gründlich um. Plötzlich hielt sie inne und seufzte.

»Oh, ihr lieben Elfen«, sagte sie, »wenn ich zu Hause backe, ist immer meine Katze Ginger bei mir. Ginger rollt sich am Feuer zusammen und schnurrt, und bei diesem Schnurren werde ich immer ganz ruhig. Ich bin nervös, wenn ich an einem anderen Ort ohne sie einen Kuchen backen soll. Wärt ihr vielleicht so nett, Ginger zu holen und zu mir zu bringen, damit sie mich beruhigt?«

Die Elfen wollten um jeden Preis diesen Schokoladenkuchen haben, und so breiteten sie wieder die Flügel aus und flogen aus dem Elfenreich hinaus über die Felder hinweg zu Margarets Haus. Dort schnappten sie sich die Katze Ginger, die friedlich zusammengerollt am warmen Feuer lag, und brachten sie in ihr Reich.

»Seid vielmals bedankt«, sagte Margaret und nahm die erstaunte Ginger auf den Arm. Sie streichelte sie und Ginger fing prompt an, laut zu schnurren – allerdings nicht so laut, dass es die Elfen gestört hätte. Margaret begann, den Kuchenteig noch

einmal umzurühren. Jetzt kamen noch Mehl und Kakao sowie eine Prise Salz dazu. Dann hielt sie wieder inne.

»Oh, ihr lieben Elfen!«, rief sie. »Wenn ich in meiner Küche einen Kuchen backe, ist immer mein Hund Rufus bei mir. Er sitzt auf der Matte, sein Schwanz schlägt auf den Boden, und so hilft er mir dabei, dass ich beim Kuchenteigrühren nicht aus dem Takt komme. Ohne ihn mache ich bestimmt alles falsch und dann fällt der Kuchen zusammen. Würdet ihr bitte zurückfliegen und mir Rufus bringen?«

Nun wurden die Elfen zwar langsam müde, aber ihre Mägen knurrten laut und verlangten ungeduldig nach Kuchen. Also breiteten sie erneut die Flügel aus und flogen aus dem Elfenreich hinaus über die Felder zu Margarets Haus zurück. Dort schnappten sie sich den Hund Rufus und brachten ihn in ihr Reich.

Rufus sprang begeistert an Margaret hoch, schleckte sie voller Freude ab und legte sich dann zu ihren Füßen nieder. Zum dritten Mal begann Margaret nun den Kuchenteig zu rühren, diesmal im Takt zu Rufus' Schwanz, der auf den Boden schlug – bum-bum-bum –, und Gingers warmem, rauchigem Schnurren.

Bei diesem ganzen Geklopfe und Geschnurre war es zwar nicht mehr so still im Elfenreich wie zuvor, aber immer noch nicht so laut, dass sich die Elfen gestört fühlten, und so fuhren sie in ihrem Tun fort. Noch einmal hörte Margaret auf zu rühren.

»Ah!«, rief sie, »ihr lieben Elfen – meine Kleine, mein Baby! Sicher ist sie inzwischen aus ihrem Schlummer erwacht, und

29

wenn sie merkt, dass ich nicht da bin, wird sie weinen und jammern. Und wenn ich daran denke, dass sie weint und jammert, dann muss ich auch weinen, und wenn meine Tränen alle in den Kuchenteig fließen, wird er bitter. O bitte, liebe Elfen, fliegt doch los und holt mein Baby!«

Also breiteten die Elfen noch einmal ihre Flügel aus und flogen aus dem Elfenreich hinaus über die Felder in Margarets Haus. Dort fanden sie das Baby noch immer friedlich schlafend in seinem Bettchen. Sie hoben es hoch und brachten es in ihr Reich.

Als sie Margaret das Baby in die Arme legten, begann es zu schreien. Und wie es brüllte, dieses Baby! Der Hund klopfte mit dem Schwanz, die Katze schnurrte, und das war einfach zu viel Lärm für das kleine Völkchen. Sie hielten sich die Ohren zu und schrien zu Margaret hinüber: »Bring das Baby zum Schweigen!«

Aber Margaret schüttelte nur den Kopf und rief ihnen über das Getöse hinweg zu: »Ich kann jetzt nicht aufhören, ich bin beim Rühren in einer ganz wichtigen Phase. Ihr könntet aber noch meinen Mann Tom holen, der kann das Baby manchmal beruhigen.«

Und – husch – flogen die Elfen davon, über die Felder hinweg in Margarets Haus, wo sie Tom einfach am Hosenboden packten und mitnahmen. Mit verdutztem Gesicht traf er im Elfenreich ein. Als er das Baby lauthals schreien hörte und Margaret so beschäftigt vorfand, bückte er sich, um das Baby hochzunehmen, und trat Ginger dabei versehentlich auf den Schwanz. Da miaute Ginger freilich durchdringend und sprang

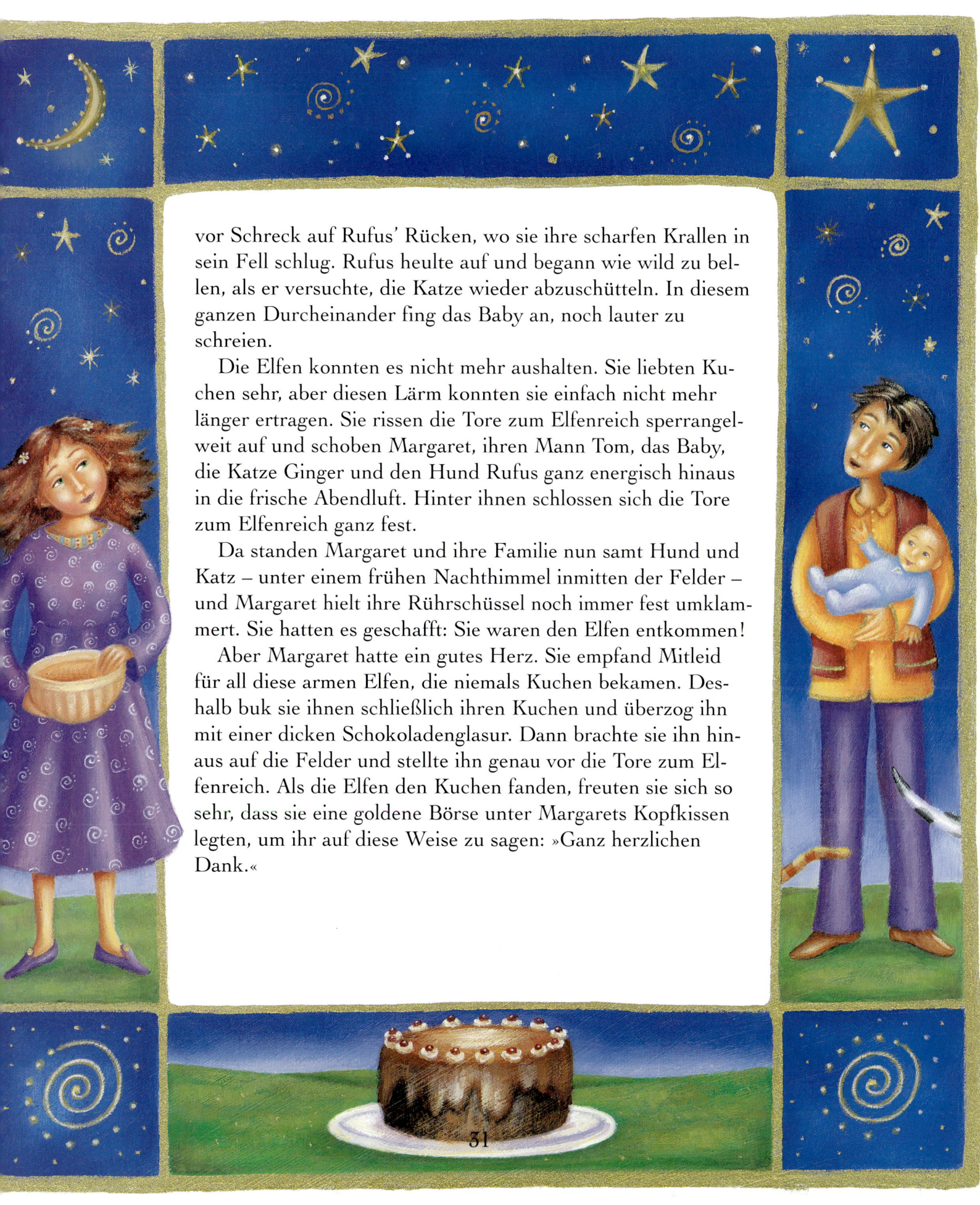

vor Schreck auf Rufus' Rücken, wo sie ihre scharfen Krallen in sein Fell schlug. Rufus heulte auf und begann wie wild zu bellen, als er versuchte, die Katze wieder abzuschütteln. In diesem ganzen Durcheinander fing das Baby an, noch lauter zu schreien.

Die Elfen konnten es nicht mehr aushalten. Sie liebten Kuchen sehr, aber diesen Lärm konnten sie einfach nicht mehr länger ertragen. Sie rissen die Tore zum Elfenreich sperrangelweit auf und schoben Margaret, ihren Mann Tom, das Baby, die Katze Ginger und den Hund Rufus ganz energisch hinaus in die frische Abendluft. Hinter ihnen schlossen sich die Tore zum Elfenreich ganz fest.

Da standen Margaret und ihre Familie nun samt Hund und Katz – unter einem frühen Nachthimmel inmitten der Felder – und Margaret hielt ihre Rührschüssel noch immer fest umklammert. Sie hatten es geschafft: Sie waren den Elfen entkommen!

Aber Margaret hatte ein gutes Herz. Sie empfand Mitleid für all diese armen Elfen, die niemals Kuchen bekamen. Deshalb buk sie ihnen schließlich ihren Kuchen und überzog ihn mit einer dicken Schokoladenglasur. Dann brachte sie ihn hinaus auf die Felder und stellte ihn genau vor die Tore zum Elfenreich. Als die Elfen den Kuchen fanden, freuten sie sich so sehr, dass sie eine goldene Börse unter Margarets Kopfkissen legten, um ihr auf diese Weise zu sagen: »Ganz herzlichen Dank.«

Die Feenkönigin

Wenn die Menschen ruhen
Und in ihrem Nest schnarchen,
Schleichen wir uns ungehört
Und ungesehen durchs Schlüsselloch;
Über Tische, Stühle und Borde
Führt dann unser Feentanz.

Anonym

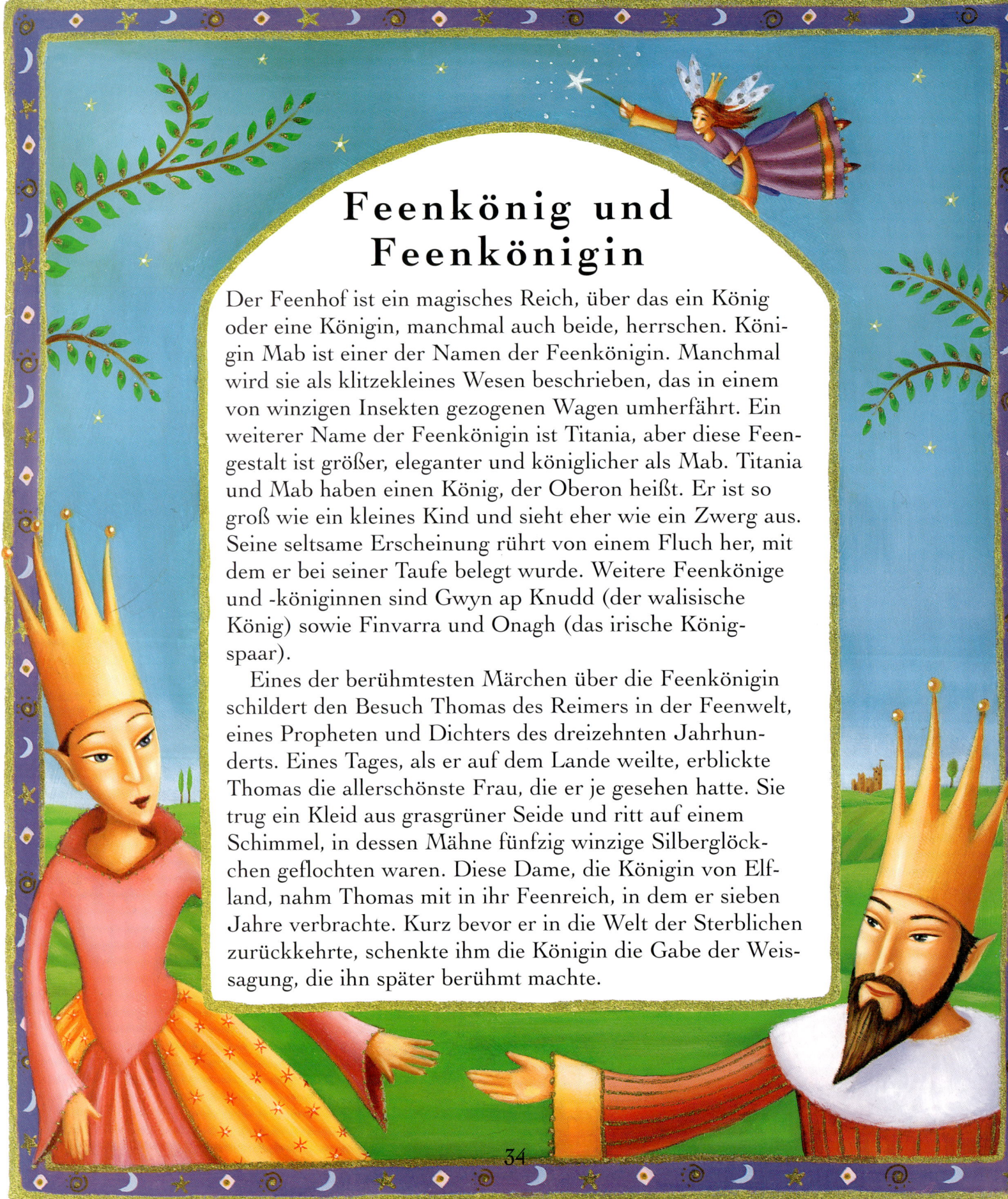

Feenkönig und Feenkönigin

Der Feenhof ist ein magisches Reich, über das ein König oder eine Königin, manchmal auch beide, herrschen. Königin Mab ist einer der Namen der Feenkönigin. Manchmal wird sie als klitzekleines Wesen beschrieben, das in einem von winzigen Insekten gezogenen Wagen umherfährt. Ein weiterer Name der Feenkönigin ist Titania, aber diese Feengestalt ist größer, eleganter und königlicher als Mab. Titania und Mab haben einen König, der Oberon heißt. Er ist so groß wie ein kleines Kind und sieht eher wie ein Zwerg aus. Seine seltsame Erscheinung rührt von einem Fluch her, mit dem er bei seiner Taufe belegt wurde. Weitere Feenkönige und -königinnen sind Gwyn ap Knudd (der walisische König) sowie Finvarra und Onagh (das irische Königspaar).

Eines der berühmtesten Märchen über die Feenkönigin schildert den Besuch Thomas des Reimers in der Feenwelt, eines Propheten und Dichters des dreizehnten Jahrhunderts. Eines Tages, als er auf dem Lande weilte, erblickte Thomas die allerschönste Frau, die er je gesehen hatte. Sie trug ein Kleid aus grasgrüner Seide und ritt auf einem Schimmel, in dessen Mähne fünfzig winzige Silberglöckchen geflochten waren. Diese Dame, die Königin von Elfland, nahm Thomas mit in ihr Feenreich, in dem er sieben Jahre verbrachte. Kurz bevor er in die Welt der Sterblichen zurückkehrte, schenkte ihm die Königin die Gabe der Weissagung, die ihn später berühmt machte.

Nun seh' ich wohl, Frau Mab hat euch besucht.
Sie ist der Feenwelt Entbinderin.
Sie kommt, nicht größer als der Edelstein
Am Zeigefinger eines Aldermanns,
Und fährt mit nem Gespann von Sonnenstäubchen
Den Schlafenden quer auf der Nase hin.

William Shakespeare,
Romeo und Julia

Königin Mab

Nachts kommt die winzig kleine Fee,
Die Augen blau, die Haare braun,
Mit Silbertupfen auf den Flügeln;
Vom Monde flattert sie herunter.

Wenn ein gutes Kind dann schlafen geht,
Schwenkt sie den Zauberstab
In ihrer Hand von rechts nach links
Und zieht 'nen Kreis um seinen Kopf.

Dann hat es Träume wunderbar
Von Brunnen voller Feenfische
Und köstlich Obst von Bäumen,
die ihre Äste neigen auf Geheiß.

Von Lauben voll mit süßem Duft,
Von Blumen unvergänglich schön;
Leuchtenden Mücken, in der Sonne glitzernd,
Und Glühwürmchen, die im Dunkeln leuchten.

Von Vögeln, die die Sprache sprechen,
Mit der man Lieder singt und Märchen sagt,
Und hübschen Zwergen, die den Weg uns weisen
Durch Feenhügel, Feental.

Thomas Hood

Feen
und Kinder

Feen haben anscheinend eine besondere Schwäche für Menschenkinder. Wenn es um Kinder geht, können Feen besonders großzügig, aber auch besonders gewitzt sein. Einige der bekanntesten Geschichten über Feen handeln davon, dass sie kleine Kinder ihren Eltern wegnehmen. Menschenbabys sollen besonders gefährdet sein, wenn sie noch keinen Namen haben oder noch nicht getauft sind. Meistens wird in diesen Geschichten das Menschenbaby gegen einen »Feen-Wechselbalg« ausgetauscht, ein schlecht gelauntes, kränklich wirkendes Kind, das einen gewaltigen Appetit entwickelt. Ob man es mit einem Wechselbalg zu tun hat, lässt sich der Überlieferung nach am besten herausfinden, indem man »in Eierschalen Bier braut«: Dazu füllt man Wasser und Korn in leere Eierschalen und reiht sie an der Feuerstelle auf. Wenn das Baby dann sagt: »Ich habe die erste Eichel vor der Eiche gesehen, aber ich habe noch nie gesehen, dass man Bier in Eierschalen braut«, kann man sicher sein, dass es sich um ein Wechselbalg handelt. Menschenbabys werden gern gestohlen, weil sie meistens kräftiger und gesünder sind als Feenbabys.

Menschenkinder haben es oft leichter als erwachsene Menschen, das Feenvolk zu sehen. Warum das so ist, lässt sich nur schwer sagen. Entweder sind Erwachsene einfach unfähig, sie zu sehen, weil sie nicht an sie glauben, oder die

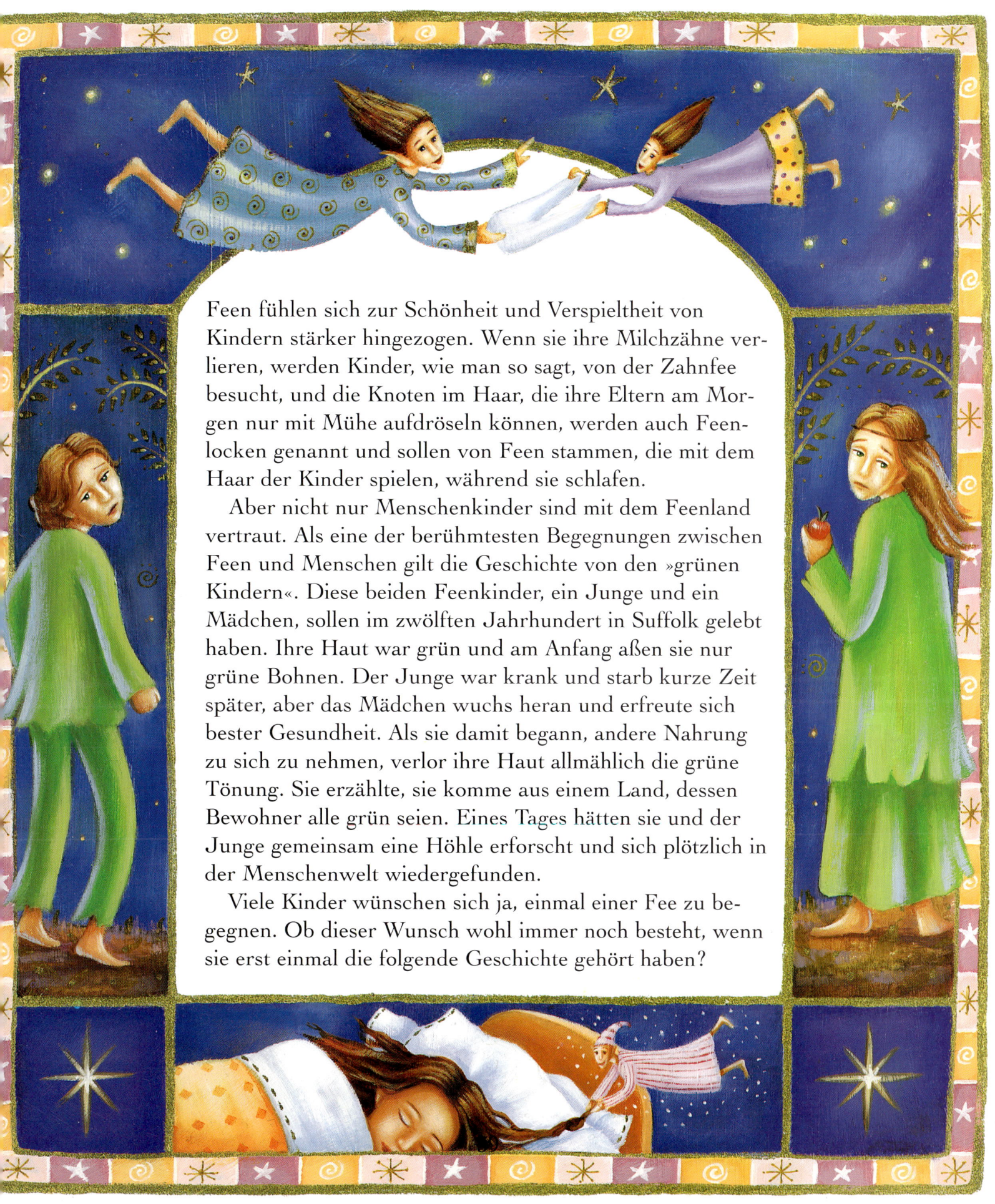

Feen fühlen sich zur Schönheit und Verspieltheit von Kindern stärker hingezogen. Wenn sie ihre Milchzähne verlieren, werden Kinder, wie man so sagt, von der Zahnfee besucht, und die Knoten im Haar, die ihre Eltern am Morgen nur mit Mühe aufdröseln können, werden auch Feenlocken genannt und sollen von Feen stammen, die mit dem Haar der Kinder spielen, während sie schlafen.

Aber nicht nur Menschenkinder sind mit dem Feenland vertraut. Als eine der berühmtesten Begegnungen zwischen Feen und Menschen gilt die Geschichte von den »grünen Kindern«. Diese beiden Feenkinder, ein Junge und ein Mädchen, sollen im zwölften Jahrhundert in Suffolk gelebt haben. Ihre Haut war grün und am Anfang aßen sie nur grüne Bohnen. Der Junge war krank und starb kurze Zeit später, aber das Mädchen wuchs heran und erfreute sich bester Gesundheit. Als sie damit begann, andere Nahrung zu sich zu nehmen, verlor ihre Haut allmählich die grüne Tönung. Sie erzählte, sie komme aus einem Land, dessen Bewohner alle grün seien. Eines Tages hätten sie und der Junge gemeinsam eine Höhle erforscht und sich plötzlich in der Menschenwelt wiedergefunden.

Viele Kinder wünschen sich ja, einmal einer Fee zu begegnen. Ob dieser Wunsch wohl immer noch besteht, wenn sie erst einmal die folgende Geschichte gehört haben?

40

»Ich-Selber«

Beth ging einfach nicht gern ins Bett.

Jede Nacht war es dasselbe. Ihre Mutter bat sie freundlich, ihr Nachthemd anzuziehen, einen Schluck Wasser zu trinken und ihre Gebete aufzusagen. Aber Beth tat immer so, als höre sie nichts. Sie saß auf dem Boden und malte Bilder in die Asche auf der Feuerstelle. Sie baute aus dem Anzündholz kleine Hütten und dachte sich lustige Liedchen aus.

Schließlich sagte Beths Mutter noch einmal: »Nun kommt schon, Beth, es ist Zeit, ins Bett zu gehen.«

Dann bettelte Beth darum, nur noch eine Minute aufbleiben zu dürfen, oder sie stellte ihrer Mutter eine knifflige Frage, wie zum Beispiel: »Warum knackt das Feuer eigentlich?« oder »Warum kann man den Rauch der Flammen nicht spüren?«

Beths Mutter runzelte dann die Stirn und ihre Stimme wurde energisch und schrill: »Elizabeth Jane, du stehst jetzt auf und gehst ins Bett, bevor ich bis fünf gezählt habe ... eins, zwei, drei, vier, viereinhalb, vierdreiviertel ... fünf!«

Aber Beth saß immer noch am Feuer. Ihre Mutter bat und rief und drohte ihr mit Strafe, aber Beth wollte einfach nichts in Bett gehen.

Nun, unser Märchen beginnt an solch einem Abend im

Winter. Die Tage waren kurz und grau und die Nächte lang und schwarz. Draußen heulte der Wind, sein Atem drang stoßweise durchs Strohdach und pfiff durchs Gebälk. Beth und ihre Mutter waren gerade mit dem Abendessen fertig, und als Beths Mutter die Schüsseln zusammenräumte, murmelte sie: »Heut' ist eine wilde Nacht. Ich meine, am sichersten ist es im Bett.« Sie wandte sich an Beth: »Jetzt komm schon, Kind – mach dich fertig.«

Aber Beth gefiel das Heulen des Windes und die Flammen des Feuers schienen heller als sonst zu flackern. Sie beobachtete, wie die orangefarbenen und roten Feuerzungen tanzten und an das verkohlte Holz züngelten. »Mama, warum heult der Wind denn so laut?«, fragte sie.

»Das ist der Klang der erzürnten Mütter, die ihre Kinder nicht ins Bett kriegen«, antwortete Beths Mutter ziemlich ärgerlich. »Jetzt ab ins Bett, Beth, bitte!«

Beth zog ihre Schürze straff über die Knie und lauschte noch aufmerksamer dem Klagen des Windes.

»Da wird man ja ganz kribbelig, findest du nicht auch, Mama?«

»Ich komme dir gleich mit kribbelig«, grollte ihre Mutter. »Jetzt hör mir mal gut zu, Elizabeth Jane. Heute ist keine gute Nacht, um am Feuer zu sitzen. Bei dem Wind kommen alle möglichen Wesen heraus. Wenn du hier sitzen bleibst, würde es mich nicht wundern, wenn du morgen Früh verschwunden wärst.« Beths Mutter stand jetzt über ihr, die Hände in die Seiten gestemmt.

»Verschwunden? Wieso, wo sollte ich denn hingehen?«, fragte Beth, die sich mehr für die Geschichte ihrer Mutter interessierte, als sich um ihr Stirnrunzeln zu kümmern.

»Die Feen könnten kommen und dich schnappen«, erwiderte ihre Mutter, »und vielleicht habe ich Glück und sie bringen dich mir sogar mit neuen Ohren zurück – Ohren, die zuhören. Jetzt mach endlich, dass du ins Bett kommst!«

Beth fand Gefallen an dem Gedanken an Feen. »Meinst du wirklich, Mama? Ich glaube, ich würde gern einer Fee begegnen. Kann ich noch ein kleines bisschen länger aufbleiben, um zu sehen, ob eine kommt?«

Beths Mutter schlug verzweifelt die Hänge über dem Kopf zusammen. »Ich will meinen Atem nicht weiter verschwenden und mich von dir nicht um meine Nachtruhe bringen lassen. Ich gehe jetzt ins Bett.« Mit diesen Worten kletterte sie missmutig die Leiter auf den Dachboden hinauf und ließ Beth allein am Feuer sitzen.

Beth nahm ein Stöckchen in die Hand und stocherte damit ein bisschen in der glimmenden Glut herum, woraufhin ein Funkenregen den Kamin hinaufstob. Es wäre eigentlich schön, eine Feenfreundin zu haben, dachte sie bei sich. Und sie hatte noch gar nicht lange so dagesessen, als der Wind auf einmal besonders laut aufheulte, sodass die Fenster klapperten und die Türe knarrte. Vom Dach her war plötzlich ein Aufprall zu hören, dann ein Flattern im Schornstein, und auf einmal fiel ein winziges Mädchen

aus dem Schornstein und landete direkt neben Beth.

Sie reichte Beth nur bis zum Knie; ihr Haar war fein und lang wie aus Silber gesponnene Spinnennetze, ihre Augen grasgrün und ihre Wangen rund und so rot wie Äpfel.

Beth war zugleich überrascht und erfreut. »Hallo«, sagte sie, »bist du gekommen, um mit mir zu spielen?«

Das Feenkind blinzelte mit den Augen und nickte mit seinem silbrigen Kopf.

»Wie heißt du?«, fragte Beth.

»Ich habe viele Namen«, gab das Feenkind zur Antwort, während es ständig von einem Fuß auf den anderen hüpfte. »Wie viele?«, fragte Beth neugierig weiter. Das wollte sie jetzt unbedingt herausfinden, denn sie selbst hatte ja nur zwei Namen.

»Also, ich habe einen Namen für den Tag und einen für die Nacht. Und jeweils einen für meine Mutter und meinen Vater. Und dann gibt es noch den Namen, den der Wind ruft, und den, den du im Fluss hören kannst« – das Feenkind hörte plötzlich mitten in seiner Litanei auf. Seine grünen Augen richteten sich fest auf Beth. »Warum willst du das so genau wissen? Wie heißt denn du?«

Beth schämte sich inzwischen geradezu, dass sie nur zwei Namen hatte – Elizabeth und Jane –, die beide nicht so großartig klangen wie Namen, die der Fluss oder der Wind rief, und deshalb murmelte sie: »Ich bin nur ich selber.«

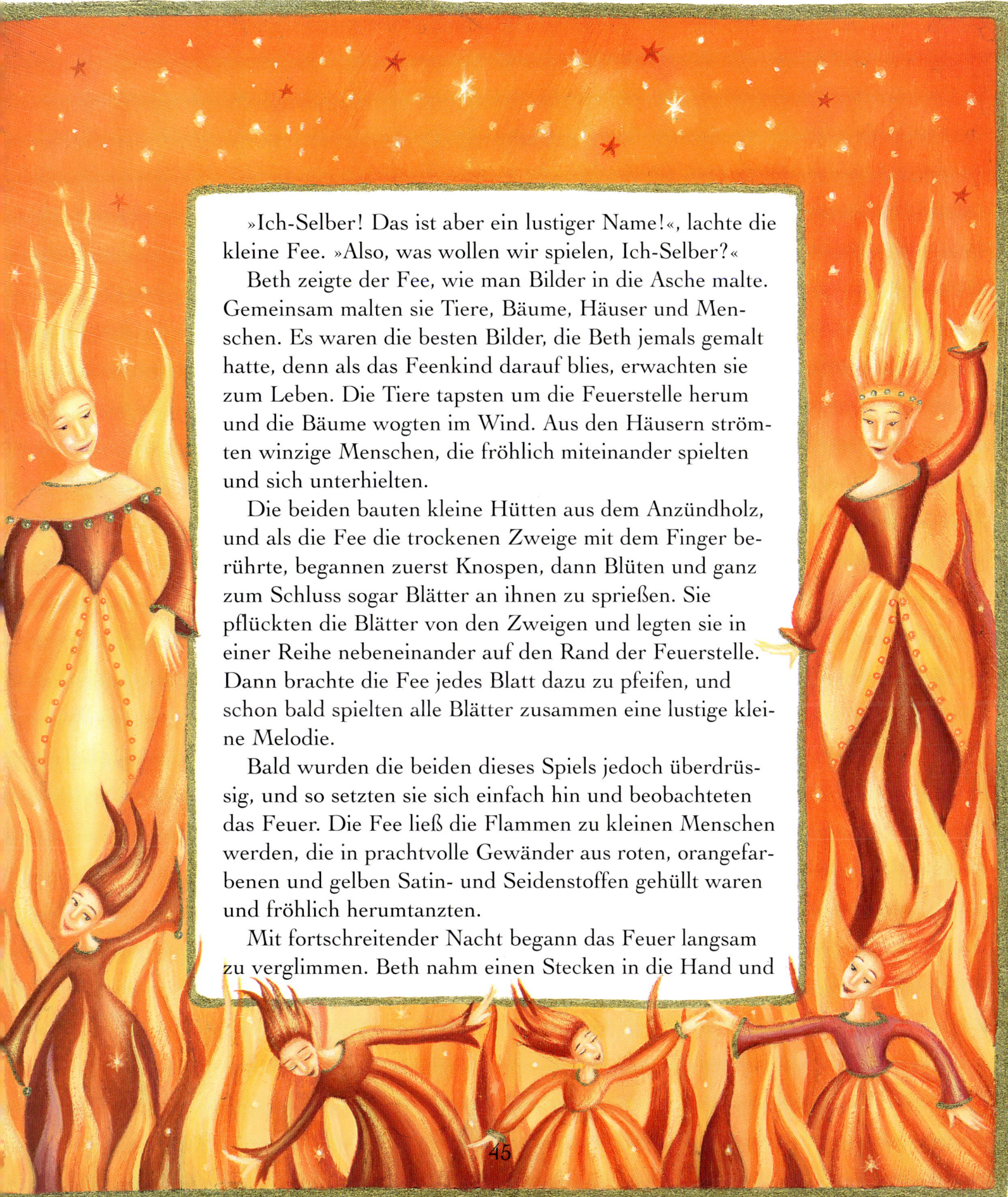

»Ich-Selber! Das ist aber ein lustiger Name!«, lachte die kleine Fee. »Also, was wollen wir spielen, Ich-Selber?«

Beth zeigte der Fee, wie man Bilder in die Asche malte. Gemeinsam malten sie Tiere, Bäume, Häuser und Menschen. Es waren die besten Bilder, die Beth jemals gemalt hatte, denn als das Feenkind darauf blies, erwachten sie zum Leben. Die Tiere tapsten um die Feuerstelle herum und die Bäume wogten im Wind. Aus den Häusern strömten winzige Menschen, die fröhlich miteinander spielten und sich unterhielten.

Die beiden bauten kleine Hütten aus dem Anzündholz, und als die Fee die trockenen Zweige mit dem Finger berührte, begannen zuerst Knospen, dann Blüten und ganz zum Schluss sogar Blätter an ihnen zu sprießen. Sie pflückten die Blätter von den Zweigen und legten sie in einer Reihe nebeneinander auf den Rand der Feuerstelle. Dann brachte die Fee jedes Blatt dazu zu pfeifen, und schon bald spielten alle Blätter zusammen eine lustige kleine Melodie.

Bald wurden die beiden dieses Spiels jedoch überdrüssig, und so setzten sie sich einfach hin und beobachteten das Feuer. Die Fee ließ die Flammen zu kleinen Menschen werden, die in prachtvolle Gewänder aus roten, orangefarbenen und gelben Satin- und Seidenstoffen gehüllt waren und fröhlich herumtanzten.

Mit fortschreitender Nacht begann das Feuer langsam zu verglimmen. Beth nahm einen Stecken in die Hand und

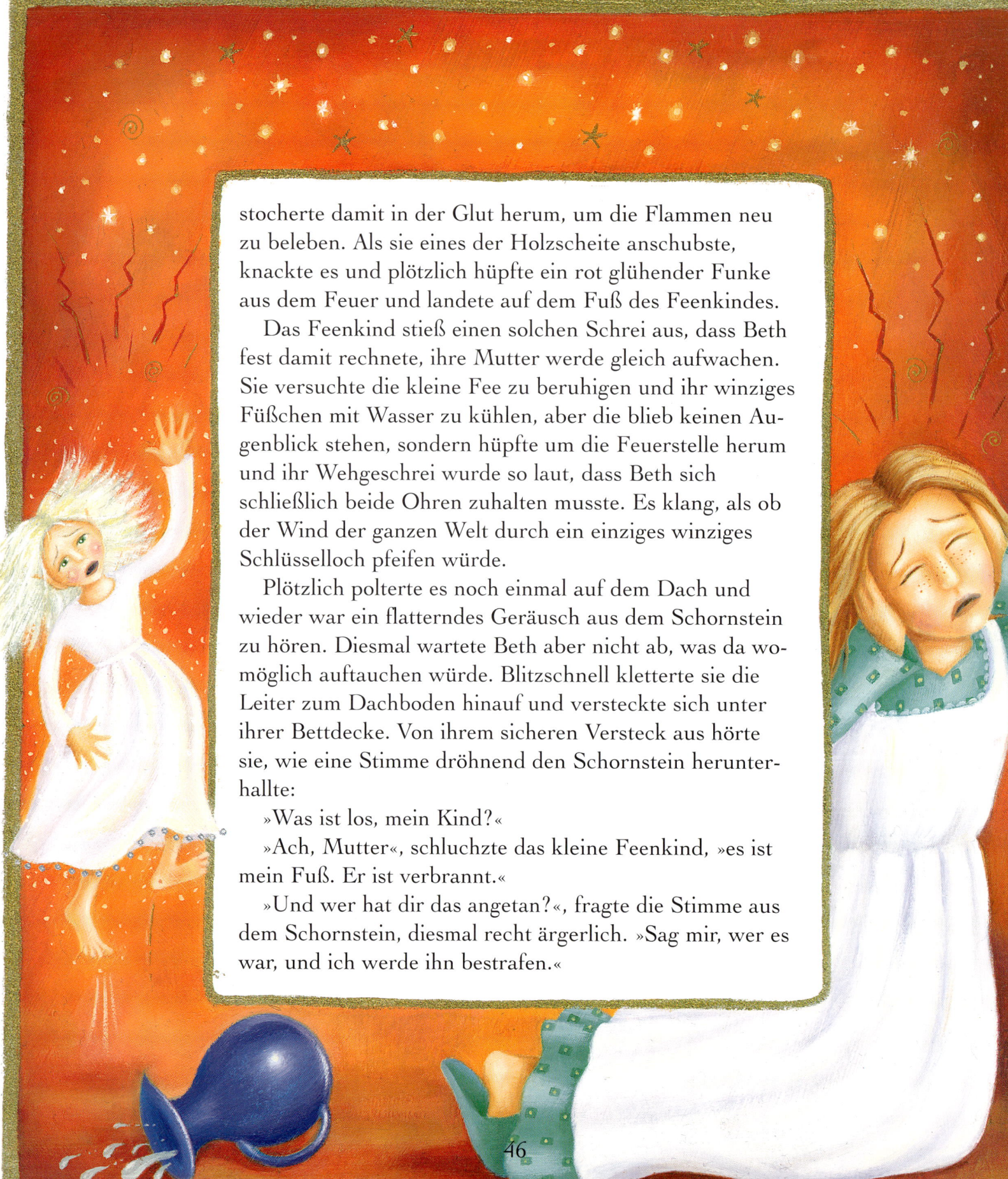

stocherte damit in der Glut herum, um die Flammen neu
zu beleben. Als sie eines der Holzscheite anschubste,
knackte es und plötzlich hüpfte ein rot glühender Funke
aus dem Feuer und landete auf dem Fuß des Feenkindes.

Das Feenkind stieß einen solchen Schrei aus, dass Beth
fest damit rechnete, ihre Mutter werde gleich aufwachen.
Sie versuchte die kleine Fee zu beruhigen und ihr winziges
Füßchen mit Wasser zu kühlen, aber die blieb keinen Augenblick stehen, sondern hüpfte um die Feuerstelle herum
und ihr Wehgeschrei wurde so laut, dass Beth sich
schließlich beide Ohren zuhalten musste. Es klang, als ob
der Wind der ganzen Welt durch ein einziges winziges
Schlüsselloch pfeifen würde.

Plötzlich polterte es noch einmal auf dem Dach und
wieder war ein flatterndes Geräusch aus dem Schornstein
zu hören. Diesmal wartete Beth aber nicht ab, was da womöglich auftauchen würde. Blitzschnell kletterte sie die
Leiter zum Dachboden hinauf und versteckte sich unter
ihrer Bettdecke. Von ihrem sicheren Versteck aus hörte
sie, wie eine Stimme dröhnend den Schornstein herunter-
hallte:

»Was ist los, mein Kind?«

»Ach, Mutter«, schluchzte das kleine Feenkind, »es ist
mein Fuß. Er ist verbrannt.«

»Und wer hat dir das angetan?«, fragte die Stimme aus
dem Schornstein, diesmal recht ärgerlich. »Sag mir, wer es
war, und ich werde ihn bestrafen.«

»Ich-Selber war's. Mein Fuß ist verbrannt«, rief das Feenkind zurück und jammerte noch mehr als zuvor.

»Warum machst du denn so ein Geschrei, wenn du es selber warst?«, dröhnte die Stimme aus dem Schornstein.

Beth hatte das Gefühl, dass die Stimme nun viel näher war. Sie lugte ganz vorsichtig unter ihrer Bettdecke hervor, gerade noch rechtzeitig, um zu sehen, wie die Feenmutter ihren langen weißen Arm aus dem Schornstein herausstreckte und das Feenkind hochhob. Im Nu war das winzige Mädchen verschwunden.

Beth lag mucksmäuschenstill im Bett und wagte kaum zu atmen. Sie wartete lange und lauschte, ob das Feenkind oder seine Mutter zurückkommen würden, aber sie konnte nur das Heulen des Windes draußen vernehmen.

Nun, am folgenden Abend war Beths Mutter höchst erstaunt. Bevor sie noch darum bitten konnte, hatte Beth ihr Nachthemd übergezogen, ihre Gebete aufgesagt und sich auf dem Dachboden unter ihrer Bettdecke versteckt. Und auch am darauf folgenden Abend und an allen anderen Abenden war das so. Beth pflichtete ihrer Mutter jedes Mal freudig bei, dass es im Bett nach Einbruch der Dunkelheit am sichersten sei, denn sie hatte es überhaupt nicht eilig, dem Feenkind oder seiner Mutter mit ihrer lauten dröhnenden Stimme noch einmal zu begegnen.

»Na, Gott sei Dank«, rief Beths Mutter glücklich, »vielleicht haben dir die Feen ja tatsächlich neue Ohren mitgebracht.«

47

Feen, schwarz, grün, weiß und grau
Ihr Schwärmer, in des Mondscheins feuchtem Tau.

William Shakespeare
Die lustigen Weiber von Windsor

Feen aller Art

In den Feenreichen leben neben den Feen und Elfen noch alle möglichen Feenvölker – Heinzelmännchen, Kobolde, Zwerge, Pixies, Trolle, Gnomen, Pucks, Poltergeister und Butzemänner, um nur ein paar zu nennen. Sie alle haben ihre ganz charakteristischen Merkmale und Verhaltensweisen. So leben einige von ihnen gern mit Menschen zusammen, wie zum Beispiel die Heinzelmännchen, die gern bei der Hausarbeit helfen. Manche Bewohner der Feenwelt, wie etwa die Elfen, werden oft in Gruppen gesichtet und daher auch »Feenscharen« genannt. Andere, wie zum Beispiel die Leprechans, bleiben lieber für sich und gelten daher eher als »Einzelgänger«.

Der irische Leprechan ist ein Schuster – ein kleines, grün gekleidetes Männchen mit einer Lederschürze und einem roten Hut. Leprechans sind berühmt für ihren Schatz, das »Gold der Leprechans«. Feenschätze, besonders das »Feengold«, haben allerdings häufig die unangenehme Angewohnheit, sich in Blätter, Nüsse oder ähnliche Sachen zu verwandeln – vor allem dann, wenn sie gestohlen werden.

Wer das Gold der Leprechans finden will, muss zuerst einmal einen Leprechan fangen oder ihm zumindest seine rote Kappe wegnehmen und ihm das Versprechen abringen, ihm zu verraten, wo das Gold versteckt ist. Aber das zu wissen und das Gold dann auch wirklich zu finden, sind zwei ganz verschiedene Dinge, wie Sie in der folgenden Geschichte bald merken werden.

Elf

Heinzelmännchen

Puck

Poltergeist

Zwerg

Leprechan

Das Gold des Leprechans

An einem warmen Sommerabend war Paddy gerade auf dem Weg von der Arbeit nach Hause, als er plötzlich ein klopfendes Geräusch aus der Hecke am Straßenrand vernahm. Paddy blieb stehen und lauschte. Das war kein Vogel und es klang auch nicht nach einem anderen Tier, das vielleicht in dieser Hecke lebte. Paddy ging zum Straßenrand, schob leise das dichte Blättergewirr zur Seite und spähte dann durch die Lücke. Und was sah er dort? Ein kleines Männchen, das auf der Wiese saß, und neben ihm einen kleinen Haufen winziger Schuhe, die nicht größer als Paddys Daumen waren. Da gab es rote Schuhe und grüne Schuhe und solche mit großen kunstvollen Schnallen. Das Männchen saß auf einem kleinen Holzstuhl und klopfte auf einem der winzigen Schuhe herum. Es war grün gekleidet – ein Grün, so leuchtend und frisch wie das Frühlingsgras –, trug eine Lederschürze und hatte eine leuchtend rote Kappe auf.

Paddy wagte seinen Augen oder seinem Glück kaum zu trauen. Es war tatsächlich ein Leprechan! Kaum traute er sich mit den Augen zu blinzeln, denn er wusste, dass der kleine Kobold, sobald er die Augen abwandte, verschwinden würde und damit auch Paddys Chance, jemals den Topf mit dem Feengold zu finden.

Leise zog Paddy sich zurück und kroch um die Hecke herum auf die Wiese. Ganz langsam und behutsam bewegte er sich durchs hohe Gras, bis er direkt hinter dem Männchen stand. Dann streckte er seinen langen, kräftigen Arm aus, schnappte sich den Leprechan von seinem Stühlchen weg und hielt ihn am Wickel fest.

Das Männchen trat um sich und brüllte: »Lass mich runter, du großer Rüpel!«

»Ich lass dich schon schnell genug wieder runter, nämlich sobald du mir verraten hast, was ich von dir wissen will«, sagte Paddy und grinste breit.

»Du hast kein Recht, einen Mann bei der Arbeit zu stören«, schrie der Leprechan. »Siehst du nicht, dass ich zu tun habe?«

»Nun, ich werde dich nicht lange von deiner Arbeit abhalten«, erwiderte Paddy. »Zeig mir einfach, wo du dein Gold versteckt hast, dann lass ich dich laufen.«

»Gold«, schnaubte das Männchen verächtlich, »siehst du etwa irgendwo Gold?«

»Nein, natürlich nicht«, schnaubte Paddy. »Schließlich würdest du es ja nicht hier herumliegen lassen, nicht wahr? Also sag mir jetzt, wo du es versteckt hast!«

»Ich habe überhaupt kein Gold, du großer Lümmel. Und jetzt lass mich runter!«, rief der Gnom, als er so in der Luft baumelte.

»Wofür hältst du mich?«, knurrte Paddy. »Für einen Dummkopf? Ich weiß, dass du Gold besitzt, und ich lass dich nicht eher gehen, als bis du mir sagst, wo es ist!«

Paddy schüttelte das Männchen hin und her und sah so Furcht erregend aus, dass der Leprechan in Wehgeschrei ausbrach.

»Also gut, ich werd's dir erzählen«, sagte er, »aber du musst mich zuerst runterlassen, damit ich dir zeigen kann, wo es ist.«

»Du bist ein schlaues Kerlchen«, lachte Paddy. »Wenn ich dich runterlasse, dann rennst du mir weg. Also ich sag dir was: Ich nehme mir so lange das hier, bis ich sicher bin, dass du dein Versprechen hältst.« Und mit diesen Worten riss Paddy dem Männchen seine rote Kappe vom Kopf und setzte es auf dem Boden ab.

Und so machten sich die beiden auf den Weg: Der Leprechan ging vorneweg und Paddy folgte ihm. Die rote Kappe des Männchens hatte er derweil in seine Hosentasche gestopft. Der Weg führte die beiden quer über die Wiese, dann noch einmal über eine andere Wiese, durch ein kleines Dickicht aus Bäumen und Büschen, Gräben hinauf und hinunter, schließlich über sumpfigen Morast und über einen kleinen Bach. Paddys Stiefel waren triefend nass, seine Beine fingen vor Erschöpfung bereits an zu schmerzen und sein Magen begann vor Hunger zu knurren. Endlich kamen sie zu einem Feld, das mit Disteln übersät war.

»Dort«, sagte der Leprechan und deutete auf eine große Distel, die unter hunderten von anderen stand. »Wenn du unter dieser Distel gräbst, wirst du das Gold finden, das du suchst.«

55

Paddy grinste über das ganze Gesicht. Gold! Bald würde er ein reicher Mann sein. Dann fiel ihm ein, dass er ja gar keinen Spaten dabeihatte, um den Schatz auszugraben. Einen Augenblick lang geriet Paddy in Panik – was nützte ihm das Gold, wenn es im Boden vergraben lag? Plötzlich hatte er eine Idee. Er bückte sich, knüpfte seinen Schuh auf und rollte einen nassen, stinkenden Socken vom Fuß, humpelte näher und band den Socken an die Distel, auf die der Leprechan gezeigt hatte.

»Gibst du mir jetzt meine Kappe wieder?«, fragte das Männchen und starrte zu Paddy hinauf.

»Aber gewiss doch«, lächelte Paddy, »allerdings nur, wenn du mir versprichst, diesen Socken auf gar keinen Fall anzurühren, während ich einen Spaten holen gehe.«

»Warum sollte ich denn deinen stinkenden alten Socken anrühren? Meinen Hut, bitte.« Mit diesen Worten streckte der Leprechan Paddy seine Hand entgegen.

Paddy holte die Kappe jetzt bereitwillig aus seiner Hosentasche und warf sie dem Männchen zu. Der Leprechan fing sie geschickt auf und setzte sie sich sofort wieder fest auf den Kopf. »Viel Spaß mit deinem Gold«, sagte er mit einem schadenfrohen Grinsen und war im Handumdrehen wie vom Erdboden verschwunden.

Paddy begab sich eilends nach Hause und holte einen Spaten. Dann rannte er zurück über die Wiesen, durch die Bäume, die Gräben hinauf und hinunter und durch den Sumpf. Mit einem Satz sprang er über den Bach. Auf dem Weg überlegte er, was er mit dem Feengold alles tun

56

würde. Nun, er würde sich ein paar schicke neue Klamotten kaufen, ein gutes Pferd und vielleicht einen Wagen. Er würde nur noch die besten Speisen essen und ein Fest für all seine Freunde und seine Familie veranstalten – ein großes Fest, das sieben Tage und sieben Nächte dauern würde. Dazu würde er die besten Fiedler herbeiholen und auch für Gesang und Tanz würde gesorgt sein. Er würde mit seiner Liebsten tanzen, ihr einen erlesenen goldenen Ring kaufen und ihr einen Heiratsantrag machen. Bis Paddy wieder am Distelfeld angekommen war, hatte er jenes Gold schon zehnmal ausgegeben.

Die Sonne wollte gerade untergehen und das ganze Feld war in das güldene Licht der Abenddämmerung getaucht. Paddy suchte das Feld mit den Augen ab und schrie vor Bestürzung auf. So weit das Auge reichte, war an jeder Distel ein Socken festgebunden, und jeder dieser Socken sah genauso aus wie sein eigener!

Armer Paddy! Er wäre tagelang damit beschäftigt gewesen, wenn er das ganze Distelfeld hätte umgraben wollen. Also lud er sich den Spaten wieder auf die Schulter und stapfte nach Hause – und das ohne einen einzigen Pfennig in der Tasche.

Paddy sah den Leprechan nie mehr wieder, obwohl er manchmal, wenn er draußen auf den Feldern arbeitete, ganz sicher war, ein schadenfrohes Lachen aus der Hecke zu hören. Und jedes Mal, wenn er morgens seine Socken anzog, erinnerte sich Paddy daran, wie nah er doch dran gewesen war, das Gold des Leprechans zu finden.

Die Feen

Hoch zu den luftigen Bergen
Hinunter ins schilfbestandne Tal
Wir wagen 's nicht zu jagen,
Aus Angst vor kleinen Männchen;
Kleines Volk, gutes Volk,
Sammelt sich zuhauf,
Grüne Joppe, roter Hut,
Und weiße Eulenfeder drauf!

Tief unten, dort am Felsenstrand
Hat mancher sein Zuhaus,
Knusprige Küchlein essen sie
Aus gelbem Flutenschaum;
Im Schilf von schwarzen Bergesseen
Wacht so mancher in der Nacht
Und Frösche geben auf sie Acht.

Hoch oben auf dem Hügelspitz
Da sitzt der alte König;
Er ist nun schon so alt und grau,
Dass beinah der Verstand ihm fehlt.
Mit einer Brücke weißen Dunsts
Fährt er durch Columbkill
Auf seinen Reisen durch das Land
Von Slieveleague bis Rosses;
Oder begibt sich mit Musik
In kalter, sternenklarer Nacht
Abends zum Mahl der Königin
Des schimmernden Nordlichts.

Die kleine Bridget stahlen sie
Wohl sieben Jahre lang;
Und als sie dann nach Hause kam,
Da war kein Freund mehr da.
Leicht holten sie sie dann zurück
Zwischen Nacht und Morgengrauen.
Sie meinten wohl, sie schliefe fest,
Doch sie war krank vor Leid.
Nun halten sie sie seitdem fest,
Dort in des Sees Tiefen,
Aus Lilienblättern ist ihr Bett,
Und warten, ob sie wohl erwacht.

Am felsigen Ufer
Im kargen Moos
Haben sie hier und da
Dornenbüsche gepflanzt.
Und falls jemand es wagt,
Dort dennoch zu graben,
Dann stechen ihn die spitzen Dornen
In seinem Bett zur Nacht.

William Allingham

Quellen

Geschichten

»Der magische Kochtopf«
Dies ist eine der ersten Geschichten, die ich jemals erzählt habe. Sie hat mir immer besonders gut gefallen, weil die Elfen, die darin vorkommen, dreister und wilder sind als sonst. Es ist ein schottisches Märchen und gehört vermutlich zu den Geschichten, die ursprünglich ein Märchenerzähler seinen Zuhörern vortrug. Dabei saßen sie wohl alle um ein Feuer herum, auf dem durchaus ein ähnlicher Topf gestanden haben mag wie der, von dem in der Geschichte die Rede ist. Ich kann mich nicht erinnern, wann ich zum ersten Mal auf diese Geschichte gestoßen bin, aber Sie können eine Version davon in *The Well at the World's End: Folktales of Scotland* von N. und M. Montgomery (Bodley Head, London 1975) finden.

»Die Elfen und die Kuchenbäckerin«
Noch ein schottisches Märchen – und zwar aus dem Hochland. Ich habe es viele Jahre lang immer wieder erzählt und dabei im Lauf der Zeit manche Details hinzugefügt und es ein bisschen ausgeschmückt. Auf diese Geschichte stieß ich erstmals in *Heather and Broom* von Leclaire G. Algers (Holt, Rinehart and Winston, New York 1960) unter dem Titel »Die Frau, die die Feen übertölpelte«. Dieses »Übertölpeln« ist genau das, was Feen und Elfen gern selbst mit den Menschen machen – auch wenn in dieser Geschichte sie diejenigen sind, die übertölpelt werden!

»Ich-Selber«
»Ich-Selber« ist eine wunderschöne Geschichte – eine, in der ganz deutlich wird, wie Geschichten jeweils einen Teil einer weit verzweigten uralten Familie bilden. Dass die Fee den Namen des Kindes falsch versteht, erinnert an die Geschichte vom Zyklopen, den Odysseus überlistet, um aus seiner Höhle fliehen zu können – eine Sage, die zu den schönsten des alten Griechenland gehört. Von dem vorliegenden Märchen gibt es zahlreiche Varianten. Meine Wiedergabe entstand aufgrund meiner persönlichen Erfahrungen bei dem Versuch, all meine jüngeren Geschwister dazu zu bringen, ins Bett zu gehen. Eine andere Version der Geschichte steht in *English Fairy Tales* von Joseph Jacobs (Frederick Muller, London 1942).

»Das Gold des Leprechans«
Das ist ein altes irisches Märchen – und noch dazu ein gutes! Ich habe davon bereits mehrere Varianten gelesen und es auch schon in unterschiedlichsten Formen erzählt bekommen. F. M. Pillington berichtet in seiner Version dieses Märchens in *Shamrock and Spear: Tales and Legends from Ireland* (Bodley Head, London 1966) zum Beispiel auch, dass der

Leprechan Bier trinkt – ein allseits bekannter irischer Brauch.

Gedichte

Die meisten Gedichte, die ich für diese Sammlung ausgewählt habe, wurden im neunzehnten Jahrhundert geschrieben. Dies sind: Robert M. Bird, »The Fairy Folk« (Das Feenvolk); Francis James Child, »And see ye not that bonny road« (Und siehst du nicht den schönen Weg), aus: *The English and Scottish Popular Ballads* (5 Bände, 1882-1898); »When mortals are at rest« (Wenn die Menschen ruhen), Zeilen aus: »The Fairy Queen« (Die Feenkönigin), Autor unbekannt (Datum unbekannt, vermutlich neunzehntes Jahrhundert); Thomas Hood, »Queen Mab« (Königin Mab); William Allingham, »The Fairies« (Die Feen), aus: Poems (1850).
Die Zeilen aus den Werken von William Shakespeare sind:
»Nun seh ich wohl, Frau Mab hat euch besucht« aus: *Romeo und Julia*, Deutsche Buchgemeinschaft Berlin/Darmstadt/Wien, hrsg. V. Prof. L. Schücking, Übersetzung: Schlegel-Tieck, 1965, 1. Akt, 4. Szene, Zeilen 53-58; und »Feen, schwarz, grün, weiß und grau« aus: *Die lustigen Weiber von Windsor*, Deutsche Buchgemeinschaft Berlin/Darmstadt/Wien, hrsg. V. Prof. L. Schücking, Übersetzung: Schlegel-Tieck, 1965, 5. Akt, 4. Szene, Zeilen 43-44.

Die Feentradition

Die Feentradition ist ein faszinierendes Gebiet. Manche Menschen sind noch tief im Glauben an Feen verwurzelt, doch in vielen Teilen der Welt ist er nahezu ganz aus dem Bewusstsein geschwunden. Wir haben es den Feenforschern zu verdanken, dass solche altüberlieferten Geschichten und Sagen bis heute in Büchern erhalten geblieben sind. Die Feentradition in diesem Band stammt aus unterschiedlichen mündlichen und schriftlichen Quellen. Mein besonderer Dank gilt Katharine Briggs, deren Arbeit (siehe Bibliographie) ich immer als besonders inspirierend und tief greifend empfunden habe.

Bibliographie

– Briggs, Katharine Abbey: *Lubbers, Banshees and Boggarts: A Who's Who of Fairies*. Kestrel Books, Middlesex 1979
– Briggs, Katharine Abbey: *A Dictionary of Fairies, Hobgoblins, Brownies, Bogies and Other Supernatural Creatures*. Penguin Books, Harmondsworth 1976
– Edgar, M. G. (Hrsg.): *A Treasury of Verse for Little Children*. Harrap, London 1985
– Froud, Brian, und Lee, Alan: *Von Elfen, Goblins, Spukgestalten*. Gerstenberg 1996
– Rose, Carol: *Spirits, Fairies, Gnomes and Goblins: An Encyclopedia of the Little People*. ABC-CLIO, Santa Barbara 1996
– Stiles, Eugene: *A Small Book of Faeries*. Pomegranate Artbooks, San Francisco 1995
– Sullivan, Karen (Hrsg.): *The Little Book of Faeries*. Brockhampton Press, London 1996

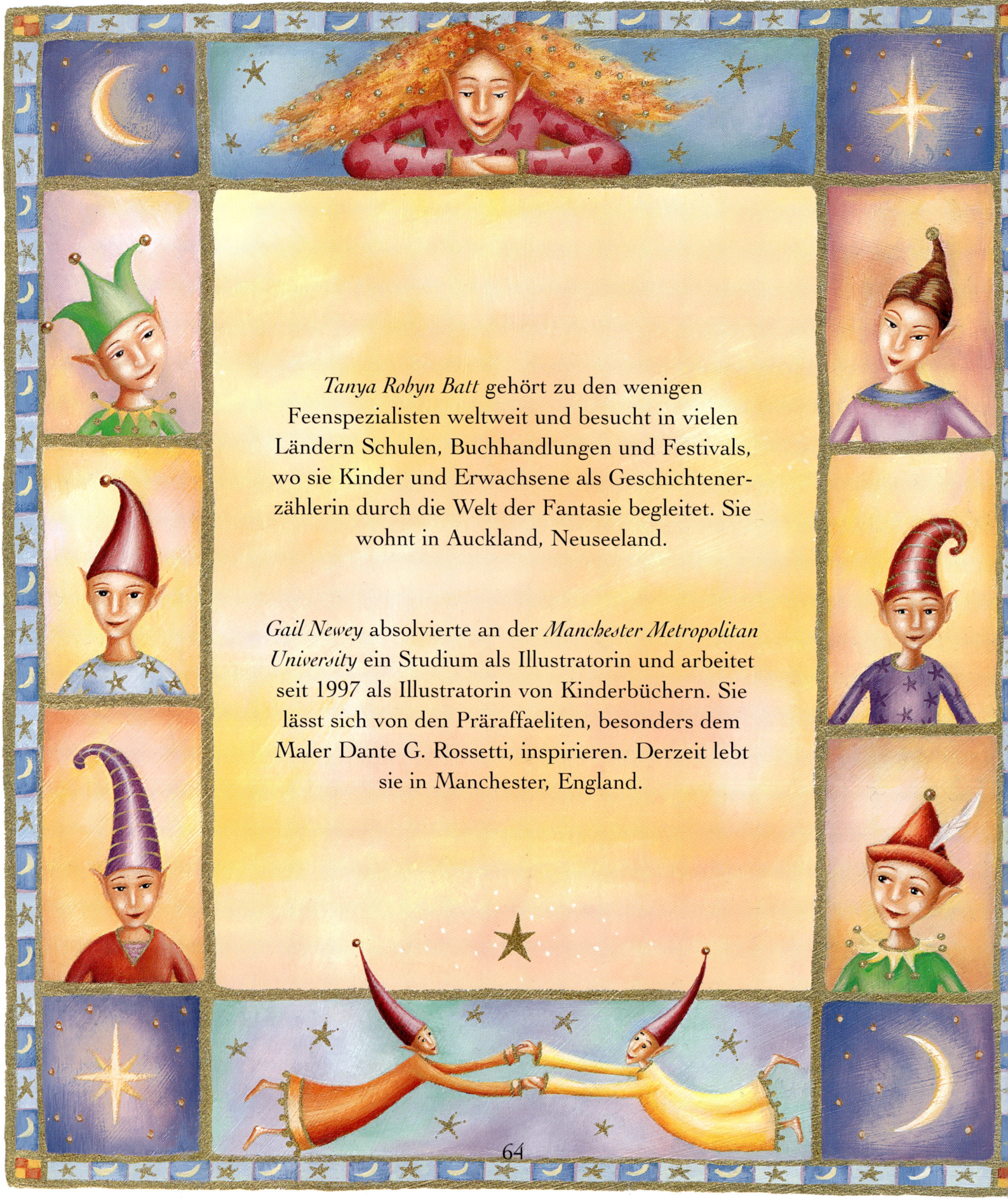

Tanya Robyn Batt gehört zu den wenigen Feenspezialisten weltweit und besucht in vielen Ländern Schulen, Buchhandlungen und Festivals, wo sie Kinder und Erwachsene als Geschichtenerzählerin durch die Welt der Fantasie begleitet. Sie wohnt in Auckland, Neuseeland.

Gail Newey absolvierte an der *Manchester Metropolitan University* ein Studium als Illustratorin und arbeitet seit 1997 als Illustratorin von Kinderbüchern. Sie lässt sich von den Präraffaeliten, besonders dem Maler Dante G. Rossetti, inspirieren. Derzeit lebt sie in Manchester, England.